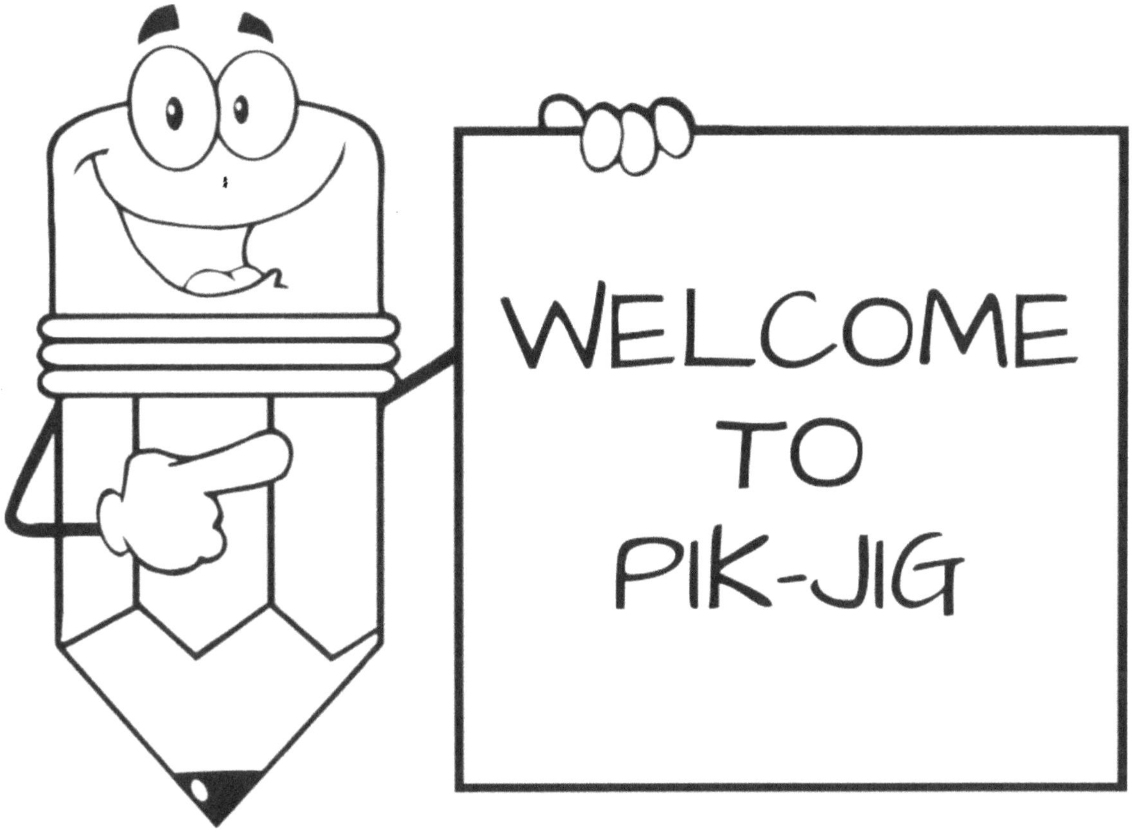
WELCOME
TO
PIK-JIG

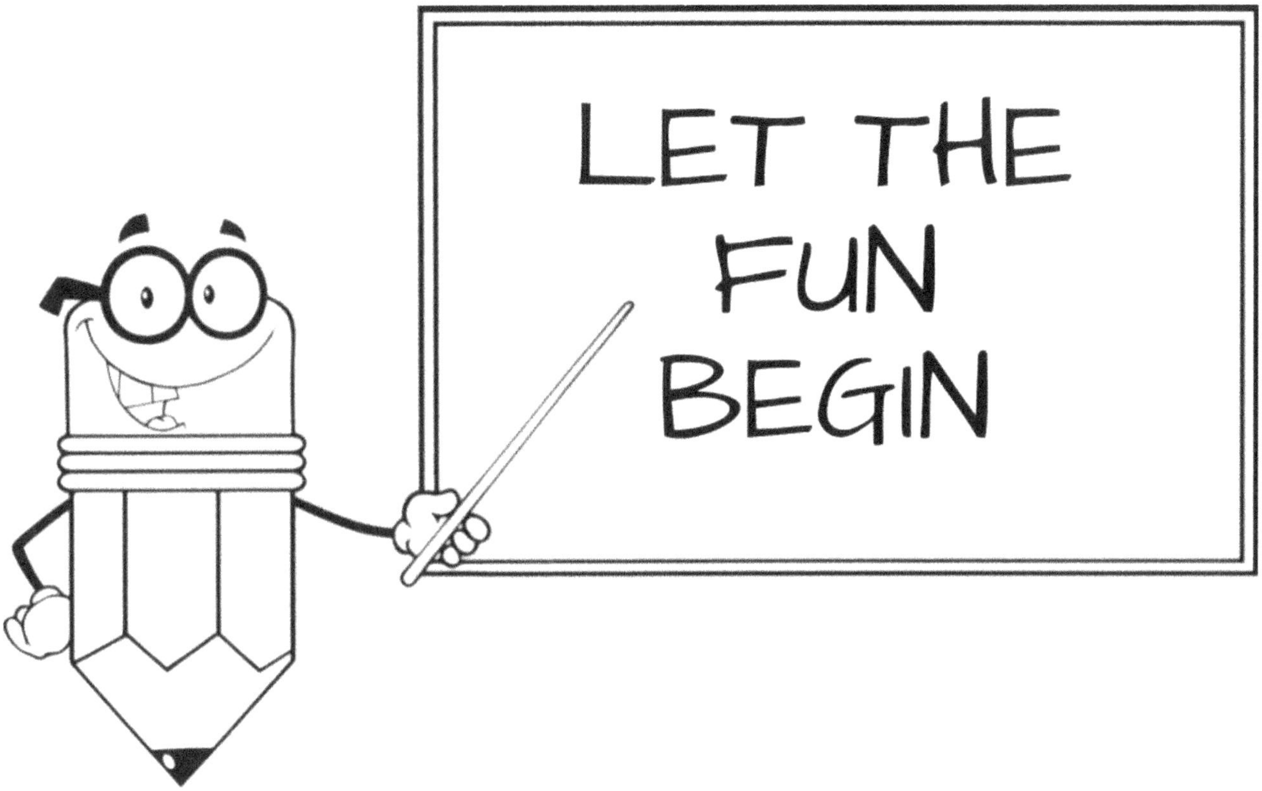
LET THE
FUN
BEGIN

INSTRUCTIONS

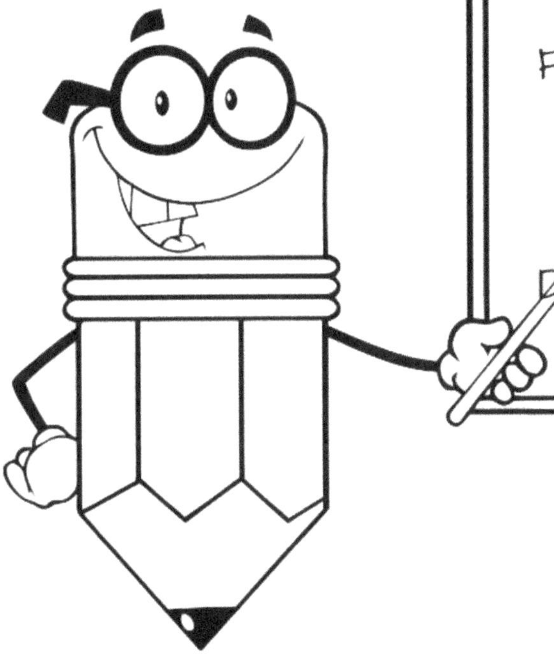

STEP ONE
PICK A SQUARE

STEP TWO
FIND THE SQUARE ON THE GRID BY MATCHING THE COORDINATES

STEP THREE
DRAW WHAT YOU SEE AND WATCH THE MAGIC UNFOLD

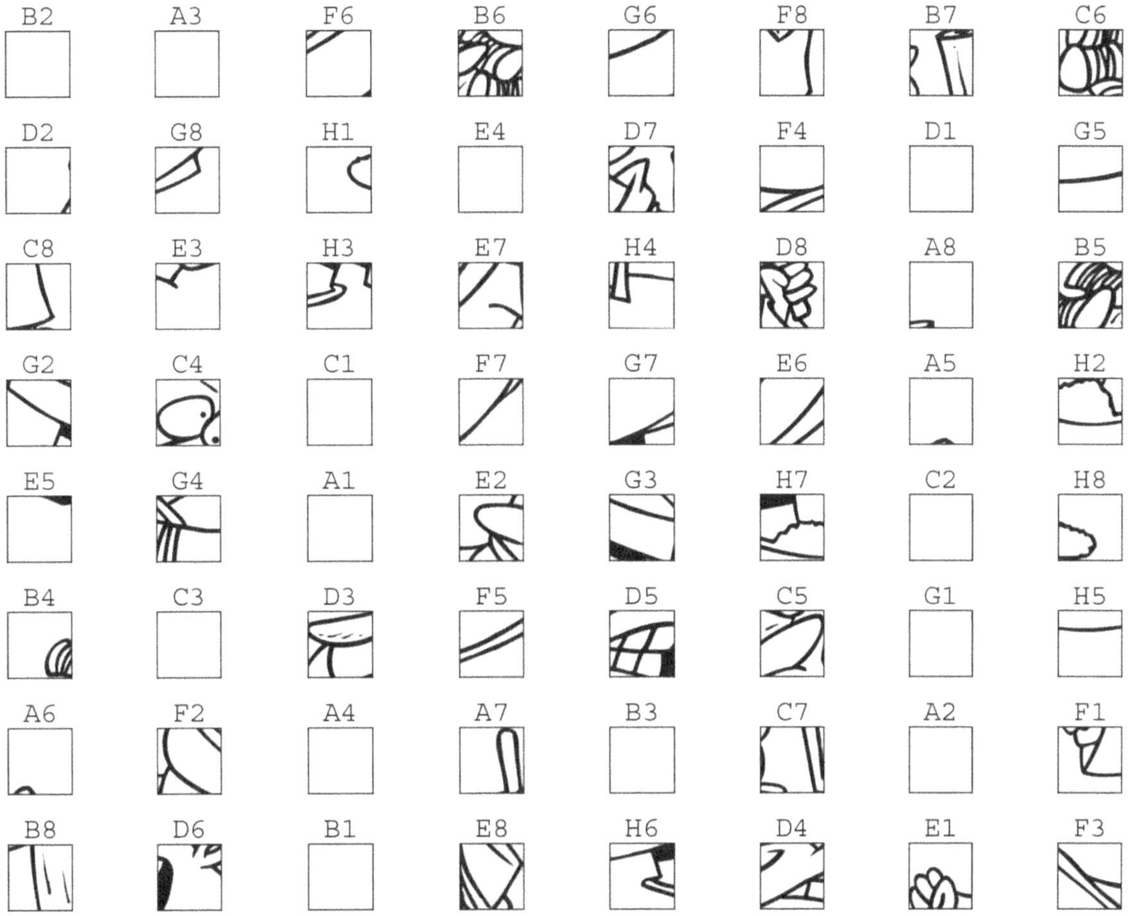

	1	2	3	4	5	6	7	8
A								
B								
C								
D								
E								
F								
G								
H								

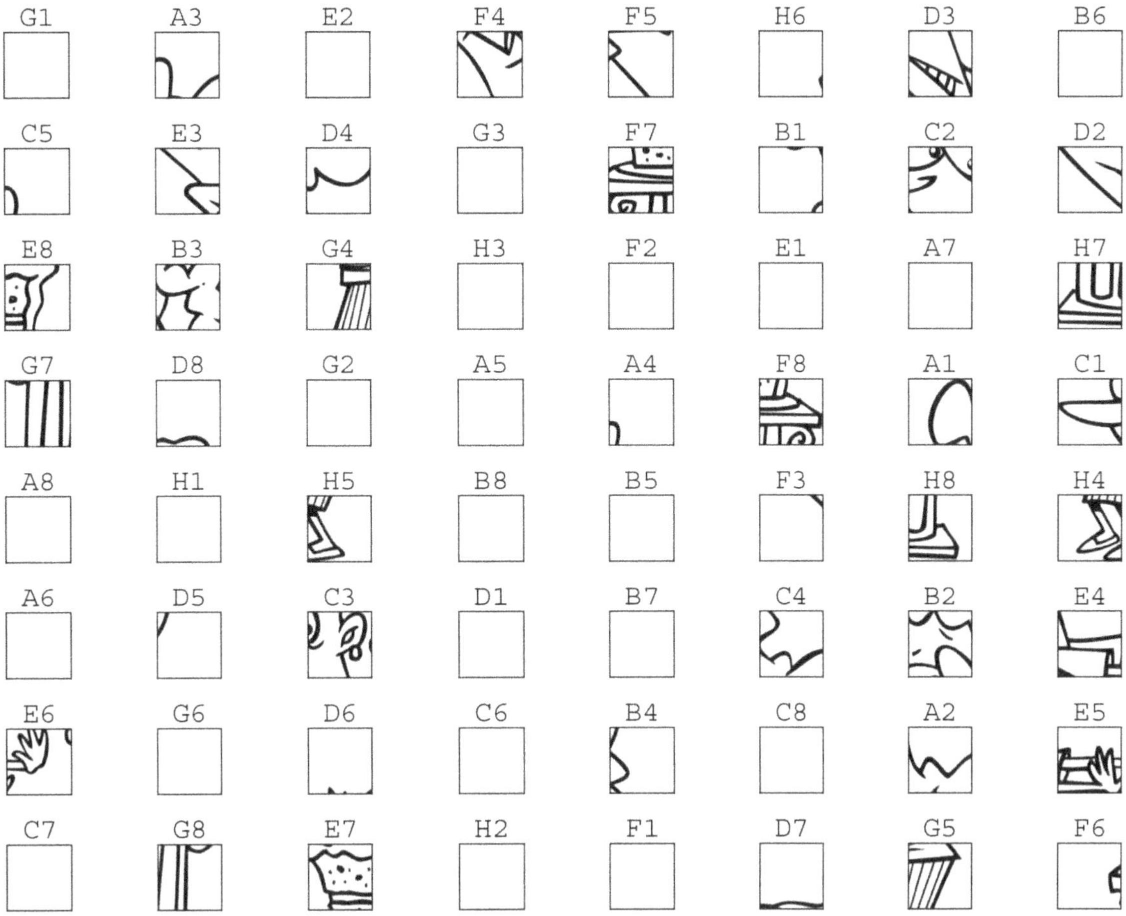

	1	2	3	4	5	6	7	8
A								
B								
C								
D								
E								
F								
G								
H								

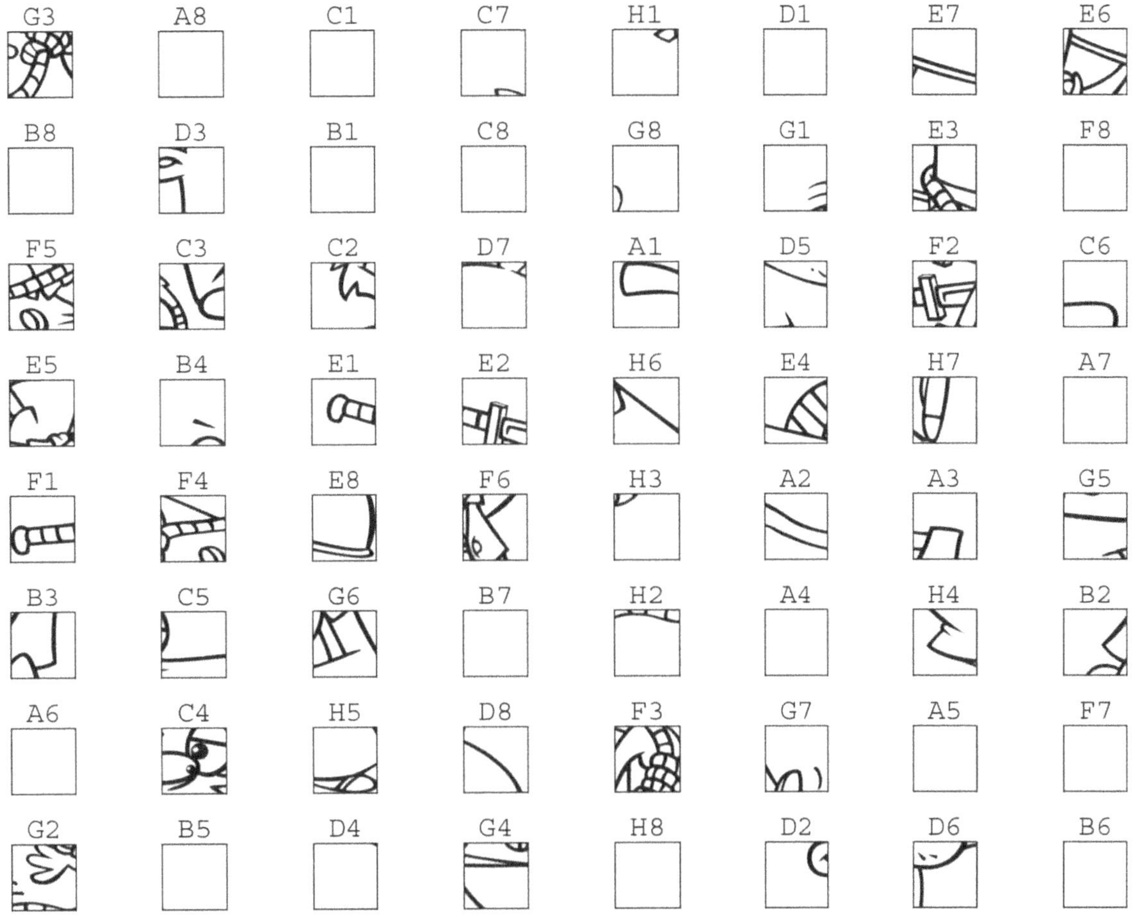

	1	2	3	4	5	6	7	8
A								
B								
C								
D								
E								
F								
G								
H								

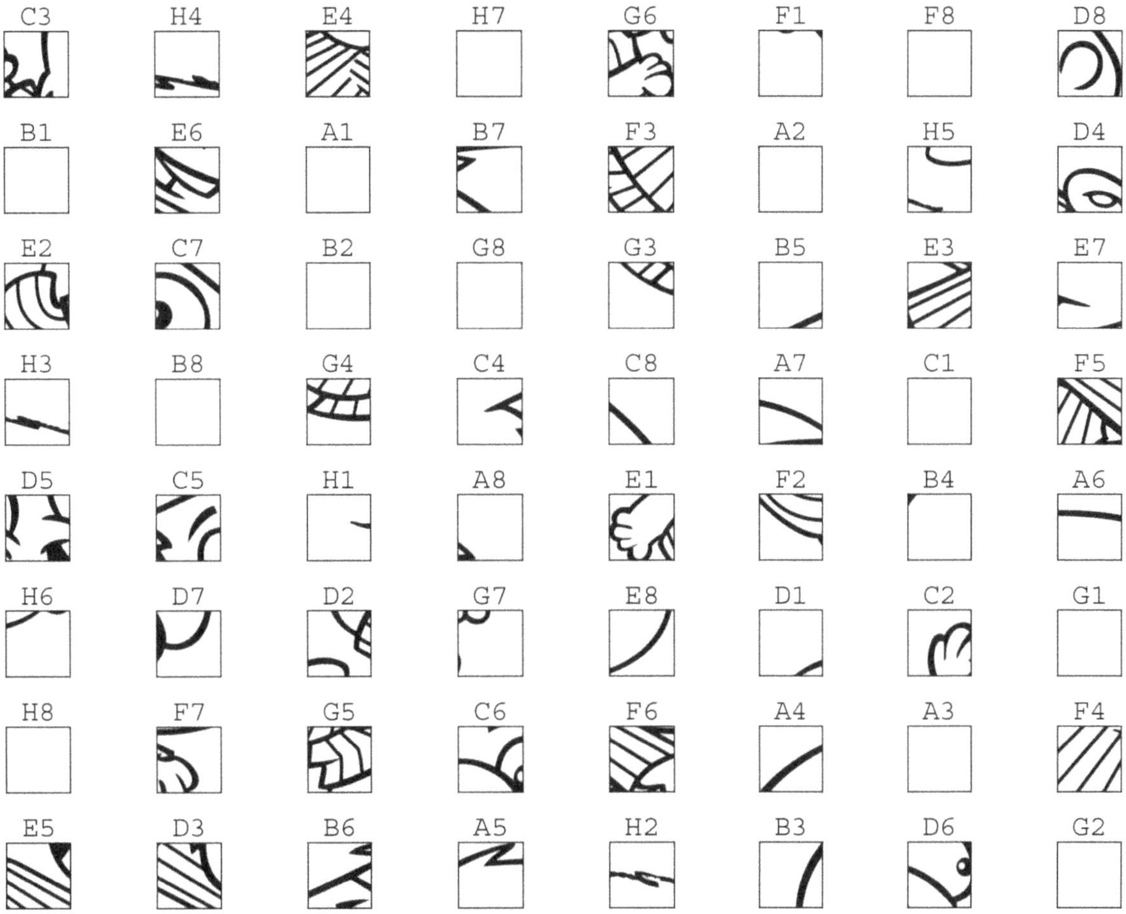

	1	2	3	4	5	6	7	8
A								
B								
C								
D								
E								
F								
G								
H								

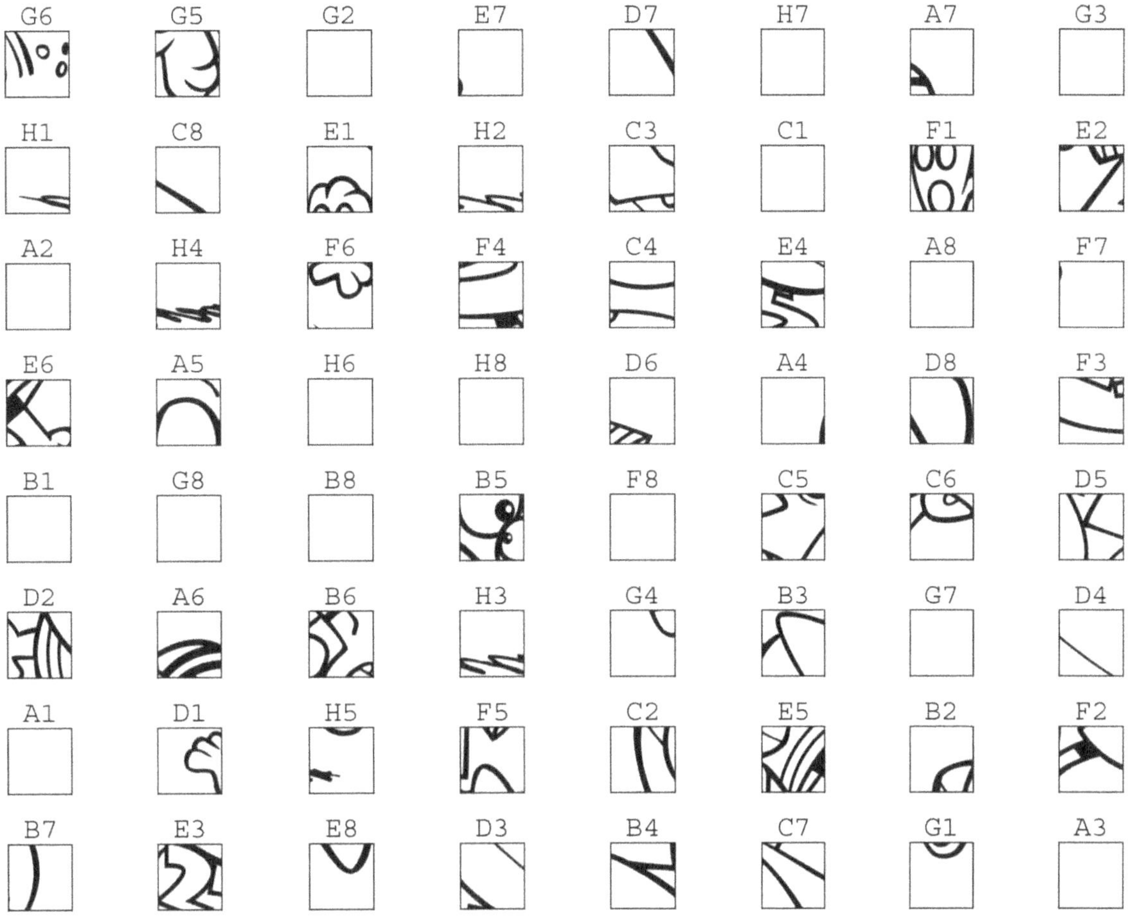

	1	2	3	4	5	6	7	8
A								
B								
C								
D								
E								
F								
G								
H								

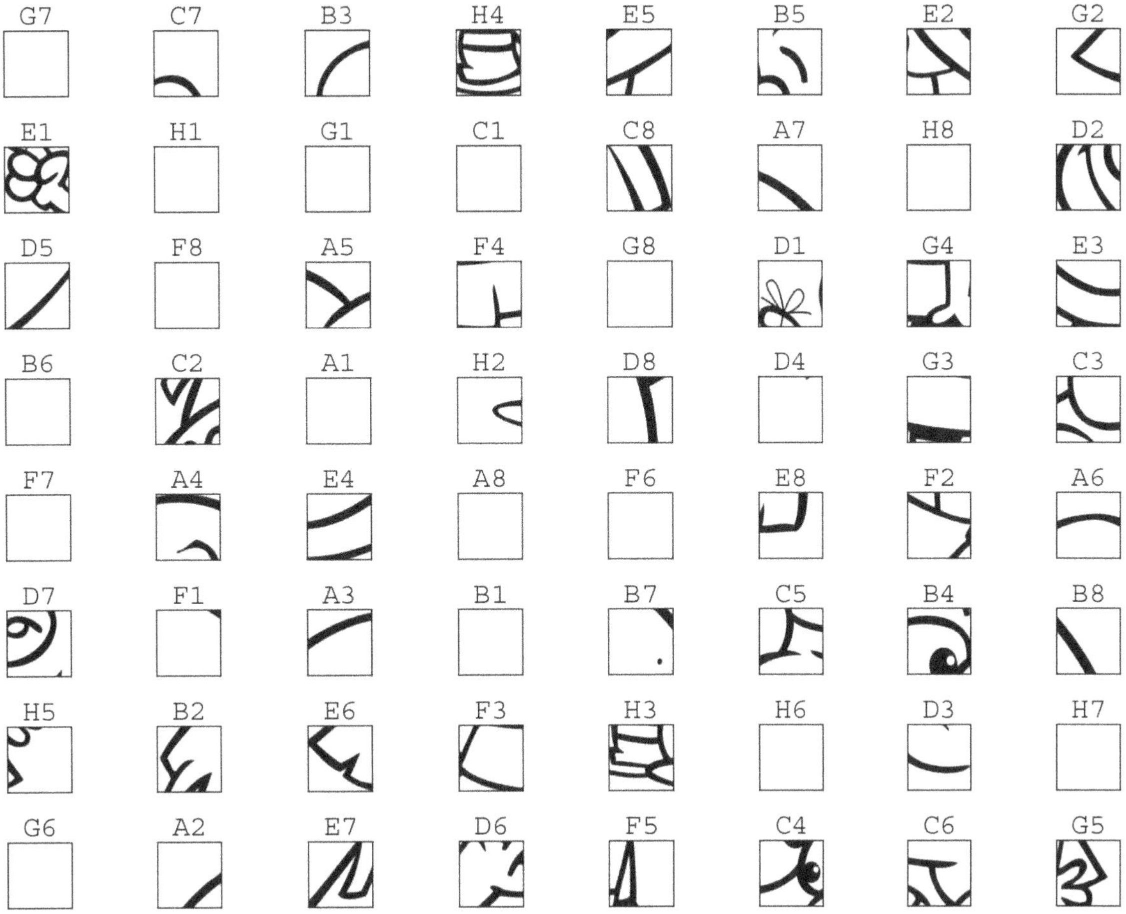

	1	2	3	4	5	6	7	8
A								
B								
C								
D								
E								
F								
G								
H								

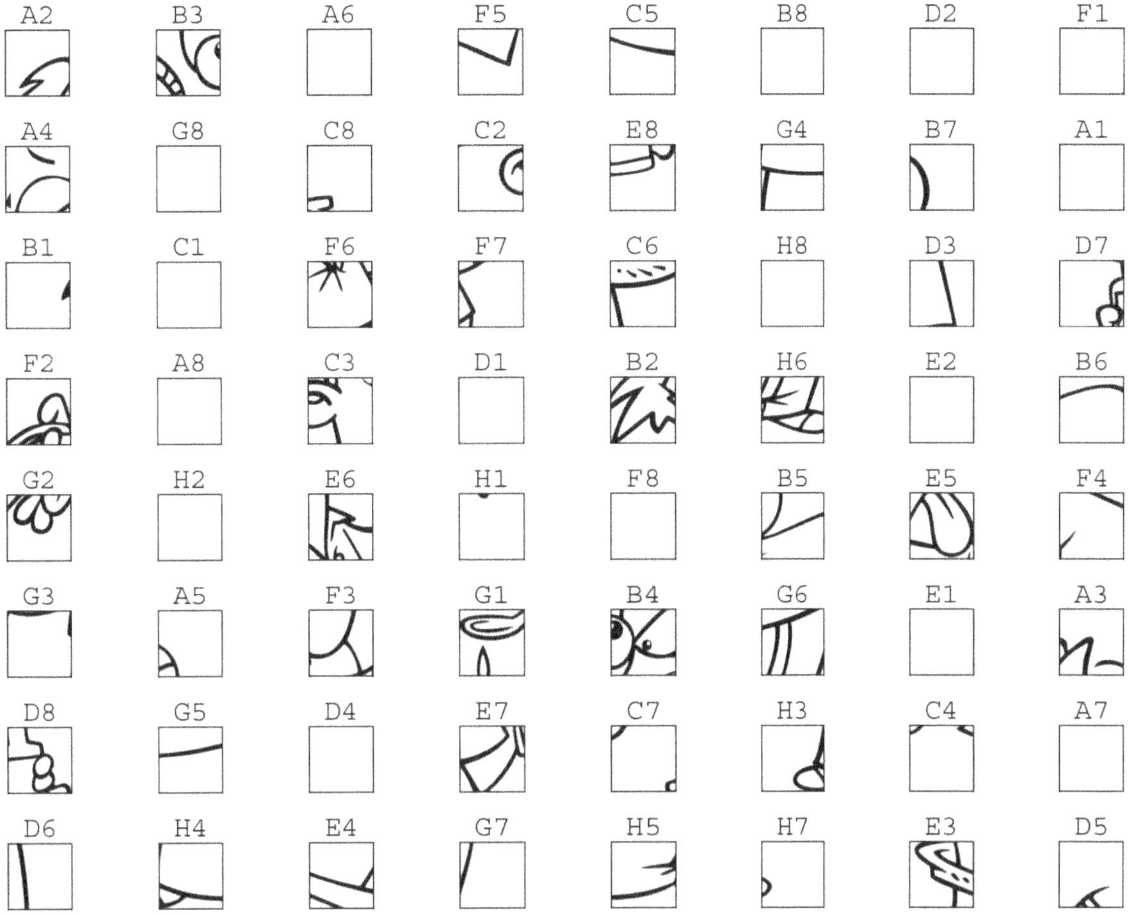

	1	2	3	4	5	6	7	8
A								
B								
C								
D								
E								
F								
G								
H								

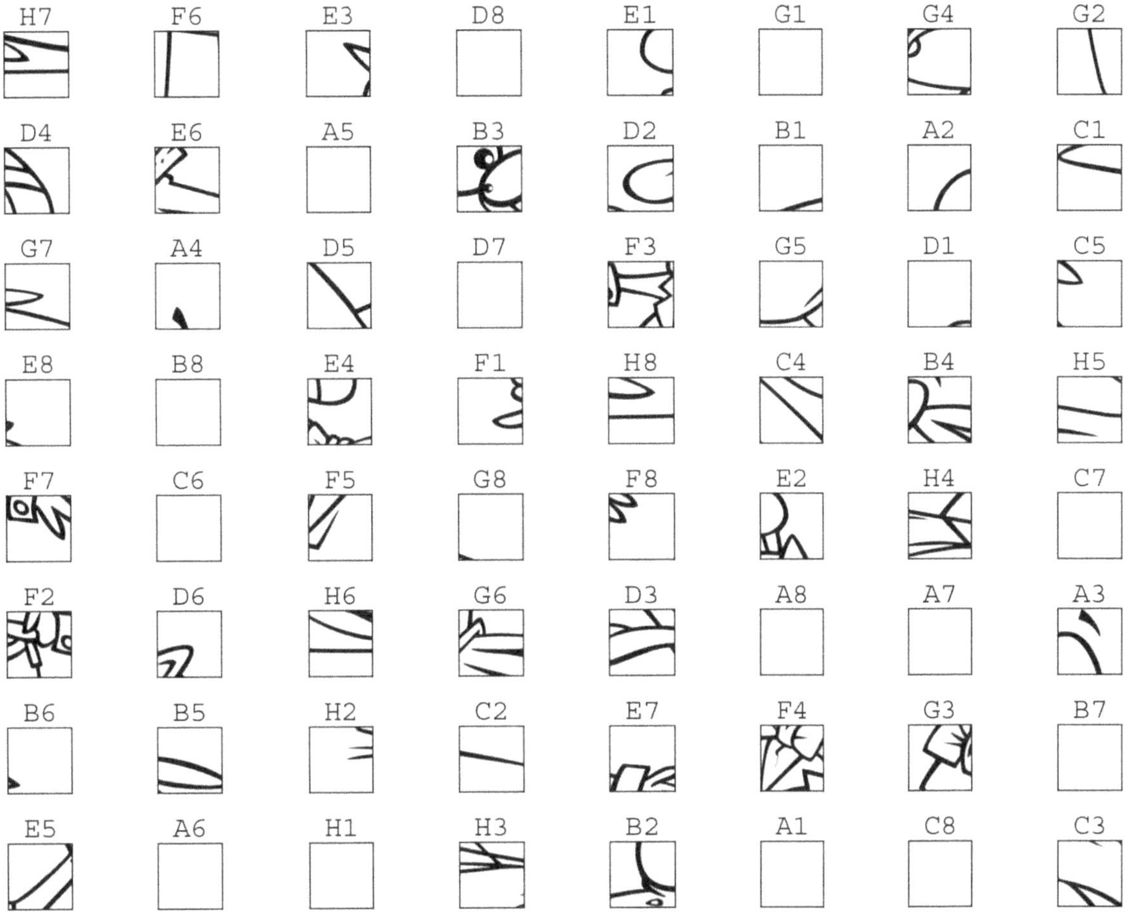

	1	2	3	4	5	6	7	8
A								
B								
C								
D								
E								
F								
G								
H								

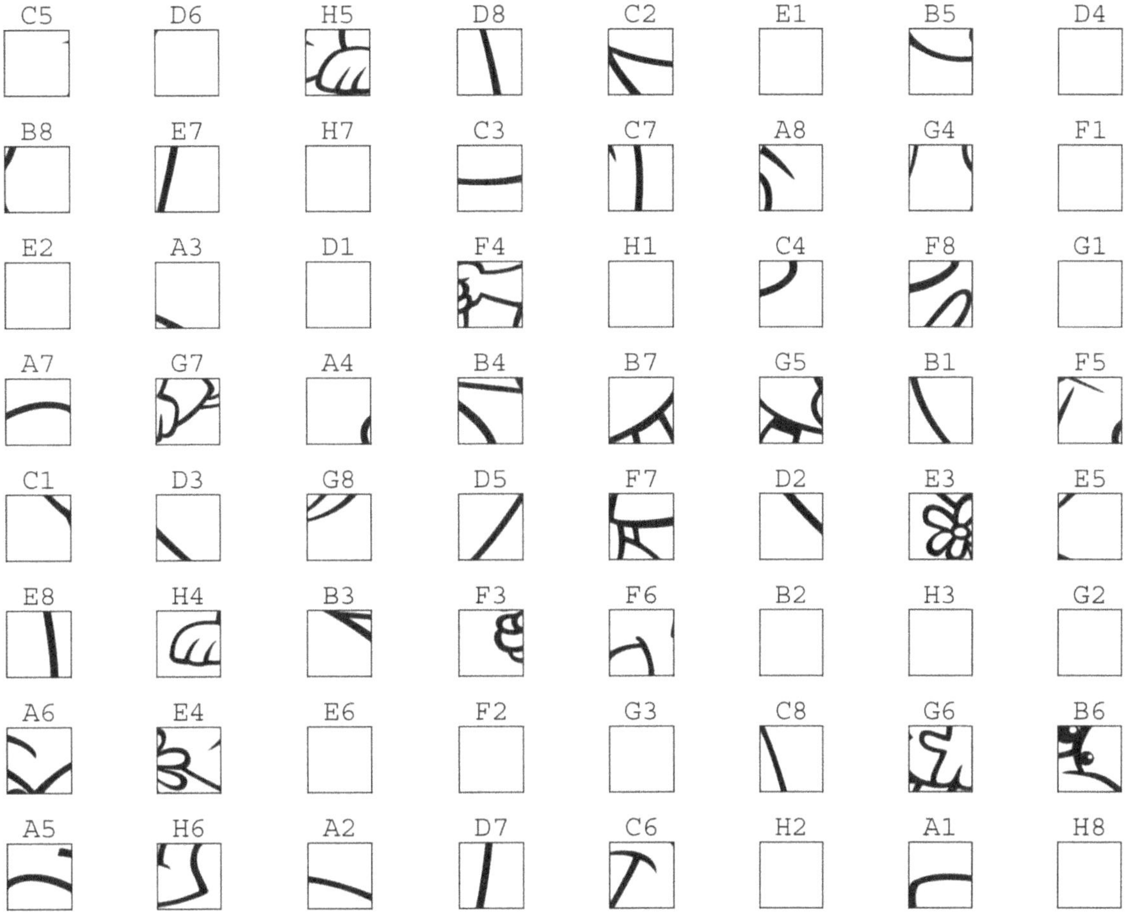

	1	2	3	4	5	6	7	8
A								
B								
C								
D								
E								
F								
G								
H								

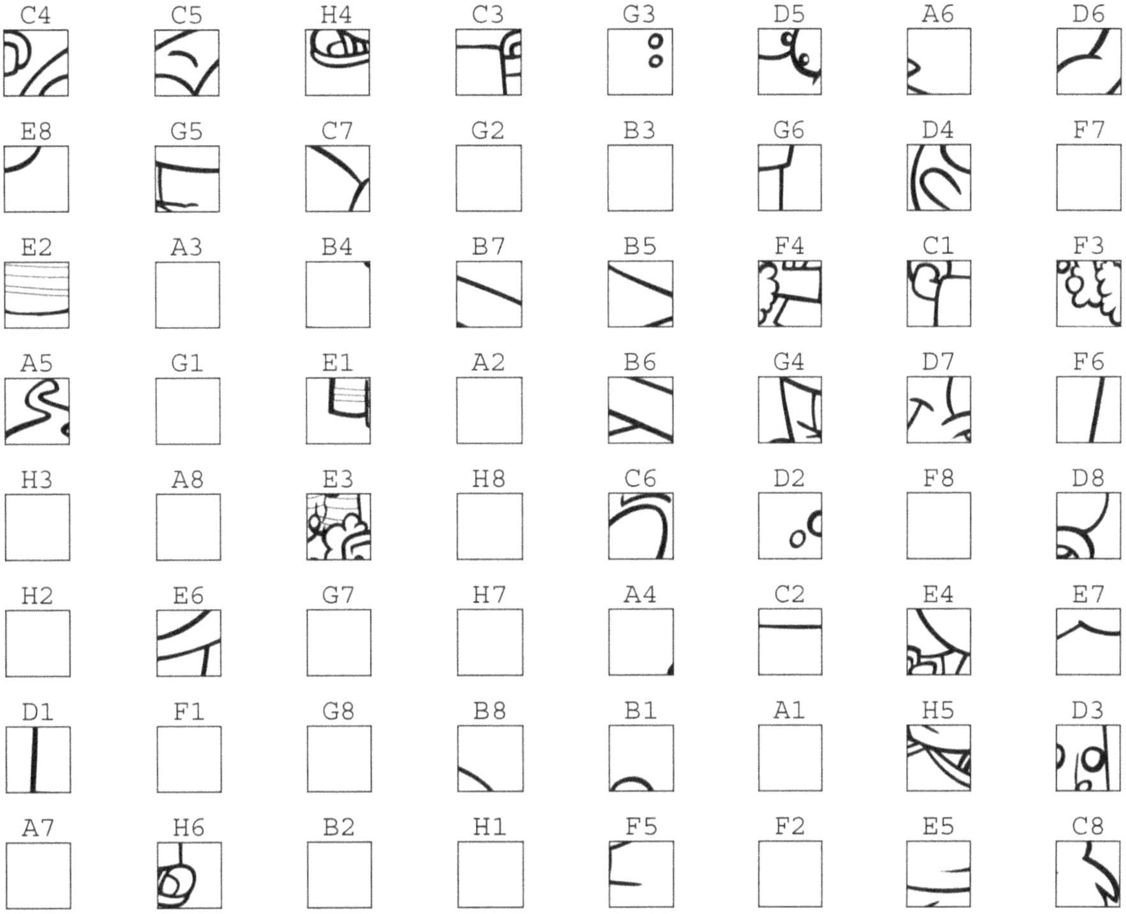

	1	2	3	4	5	6	7	8
A								
B								
C								
D								
E								
F								
G								
H								

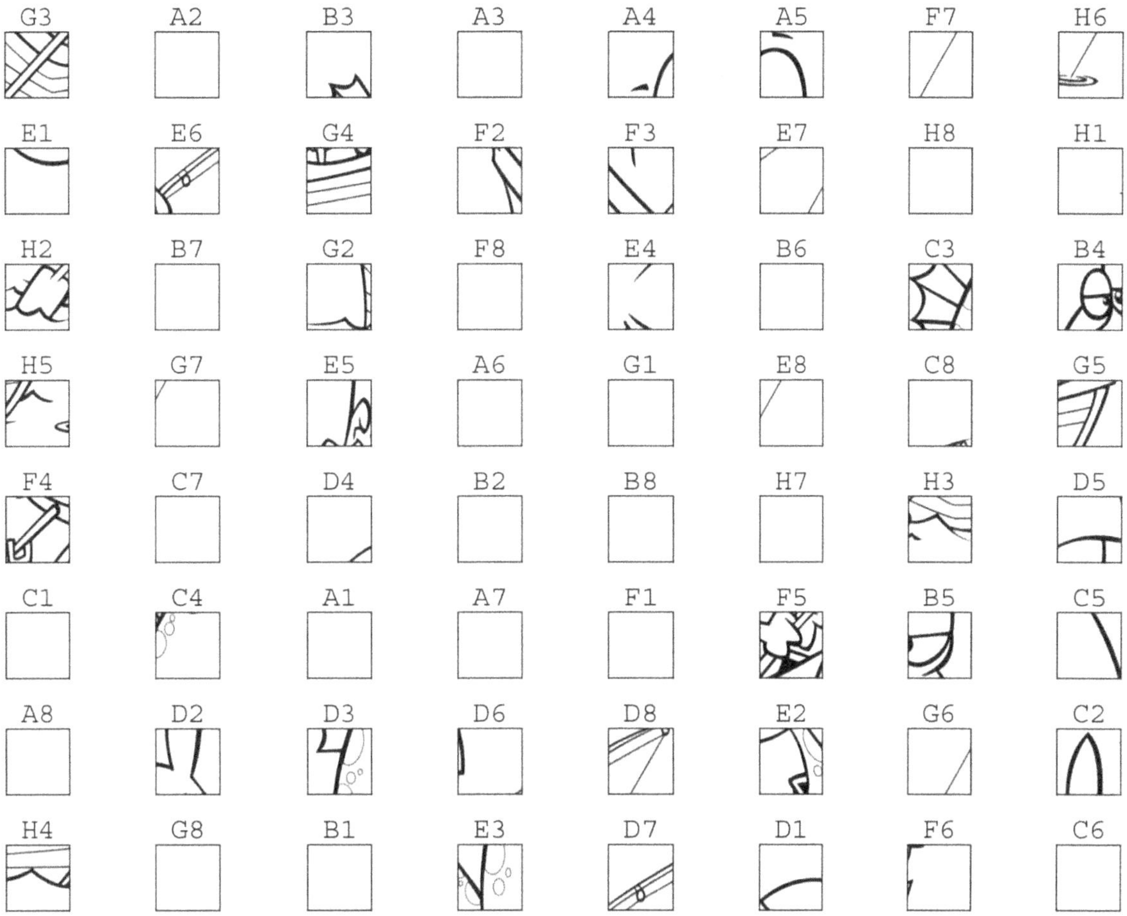

	1	2	3	4	5	6	7	8
A								
B								
C								
D								
E								
F								
G								
H								

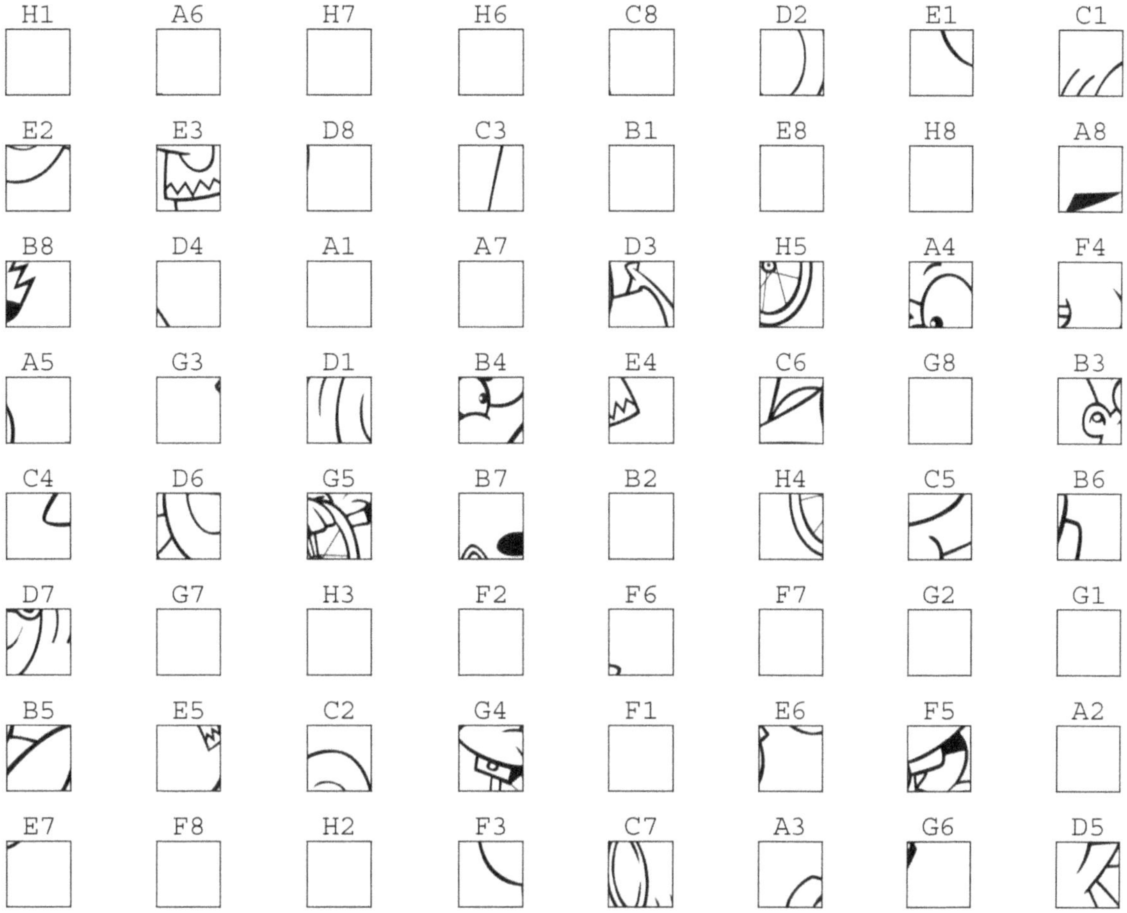

	1	2	3	4	5	6	7	8
A								
B								
C								
D								
E								
F								
G								
H								

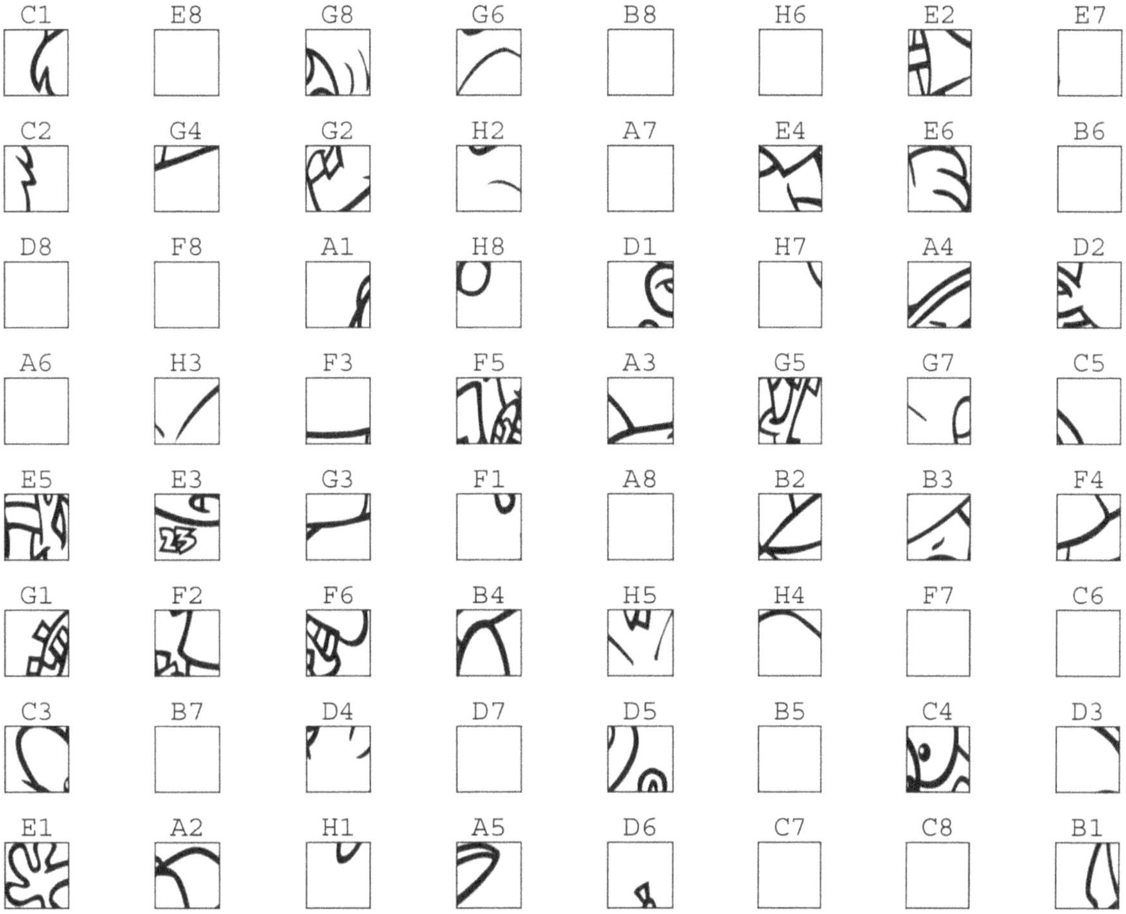

	1	2	3	4	5	6	7	8
A								
B								
C								
D								
E								
F								
G								
H								

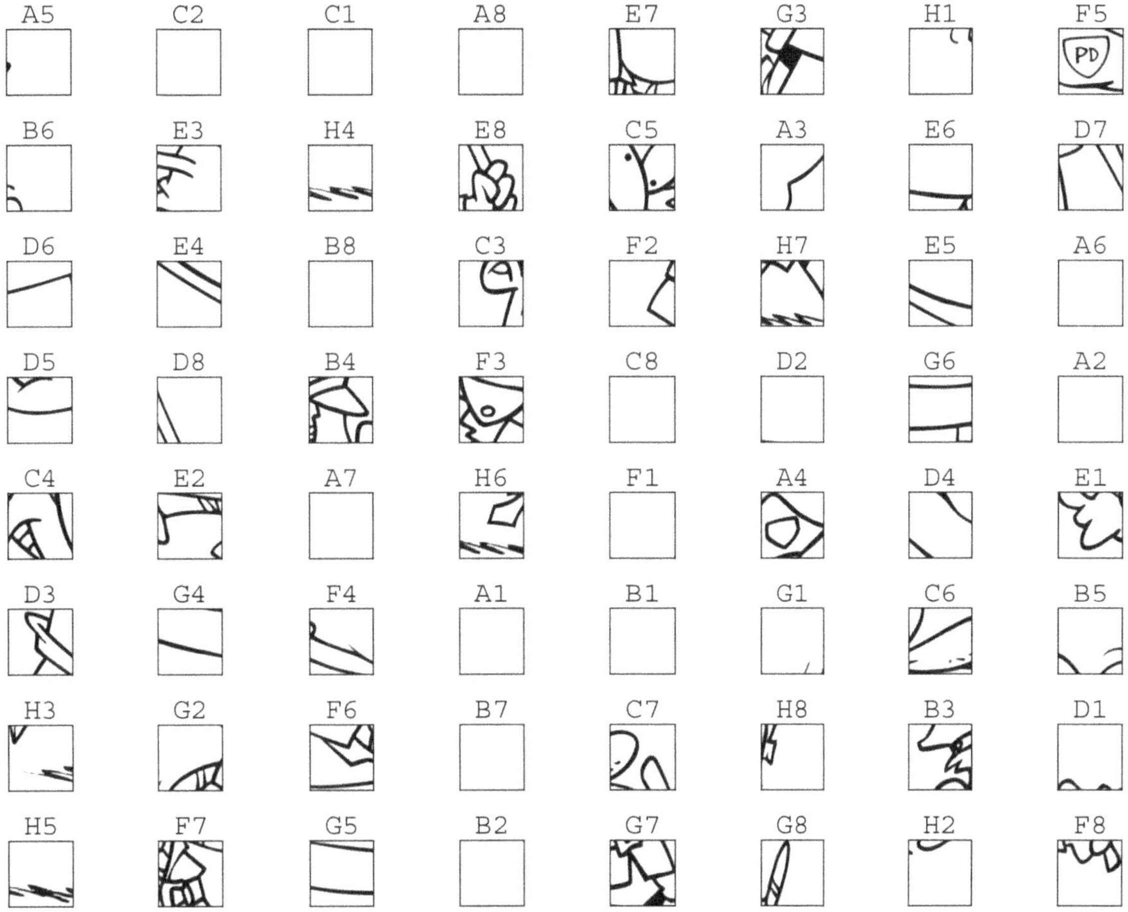

	1	2	3	4	5	6	7	8
A								
B								
C								
D								
E								
F								
G								
H								

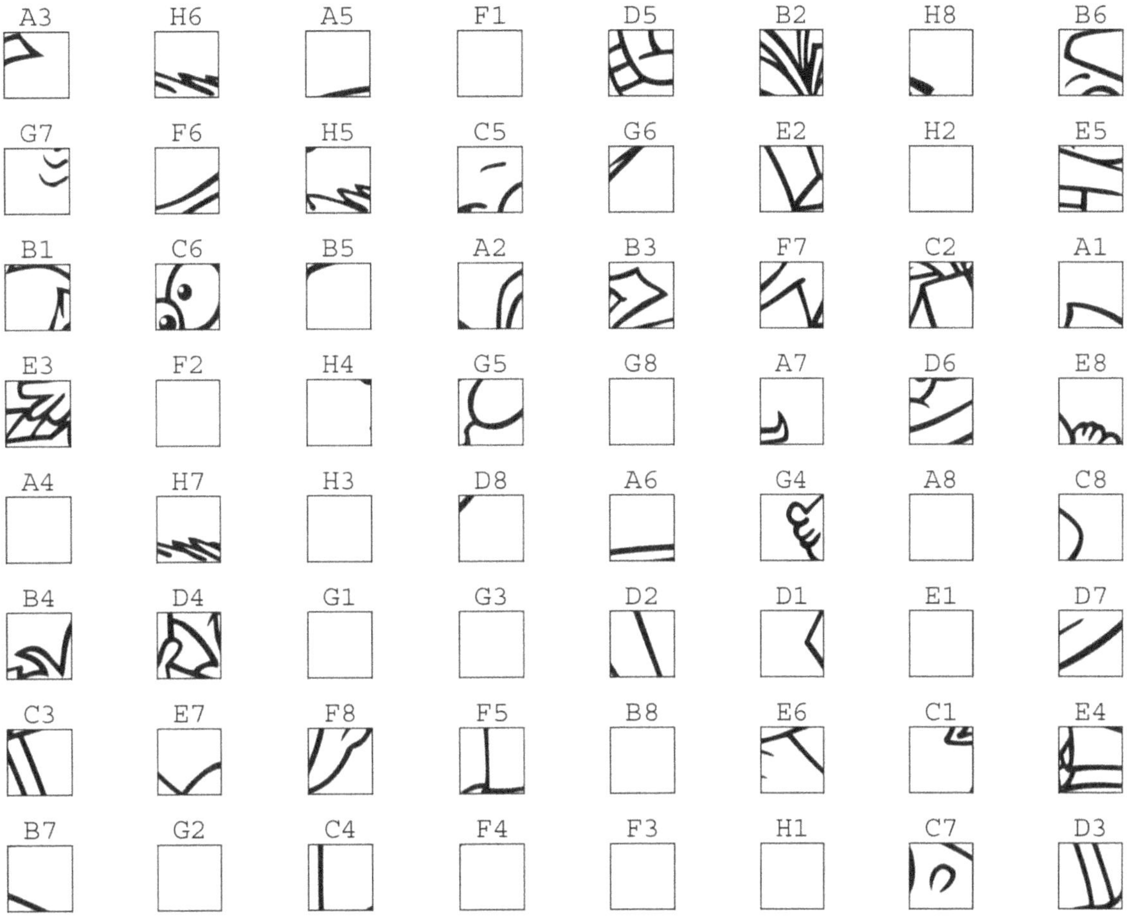

	1	2	3	4	5	6	7	8
A								
B								
C								
D								
E								
F								
G								
H								

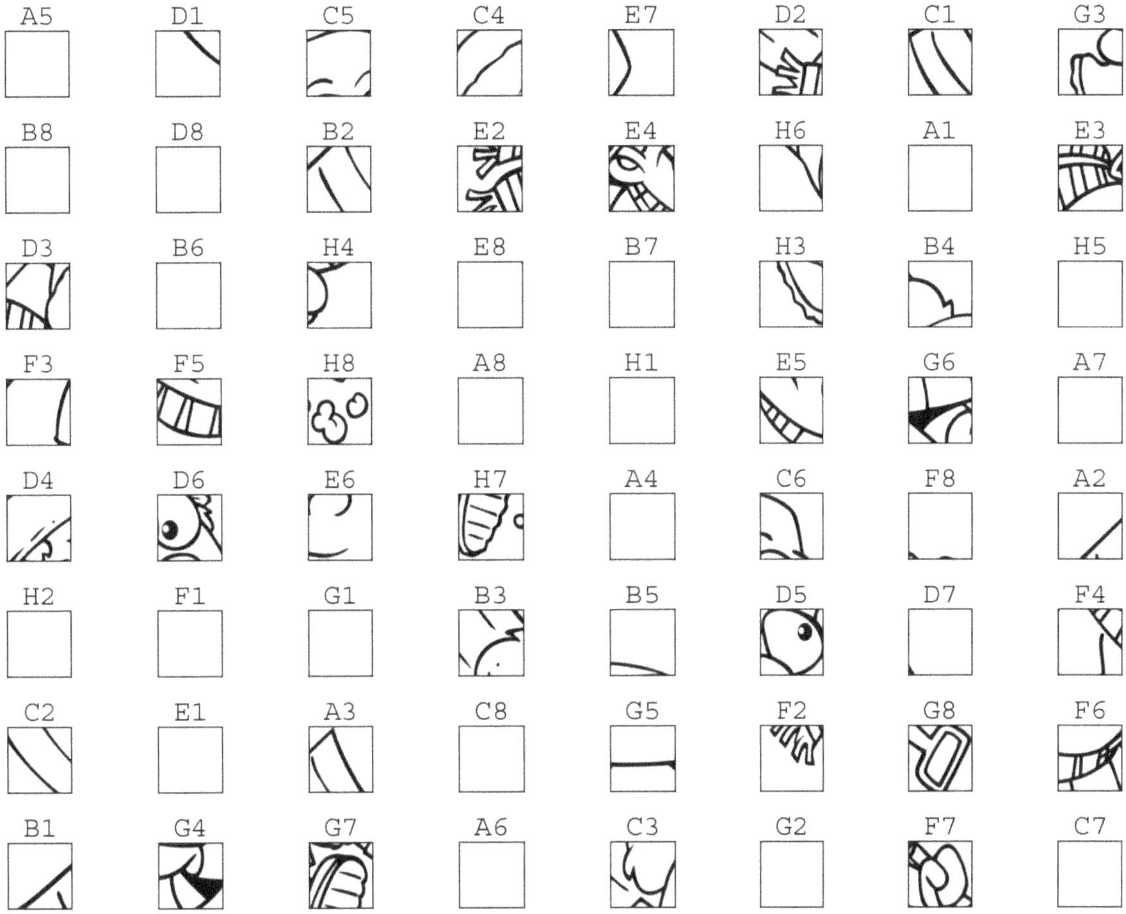

	1	2	3	4	5	6	7	8
A								
B								
C								
D								
E								
F								
G								
H								

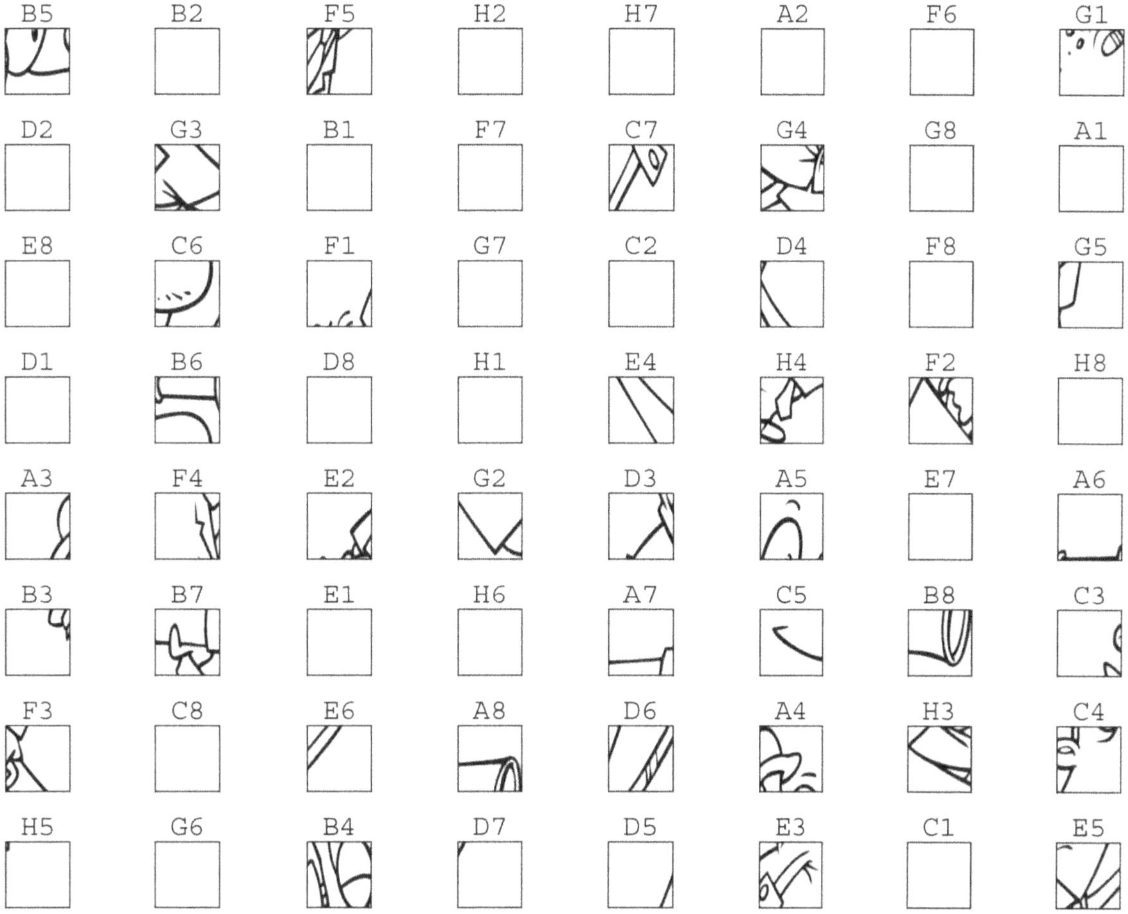

	1	2	3	4	5	6	7	8
A								
B								
C								
D								
E								
F								
G								
H								

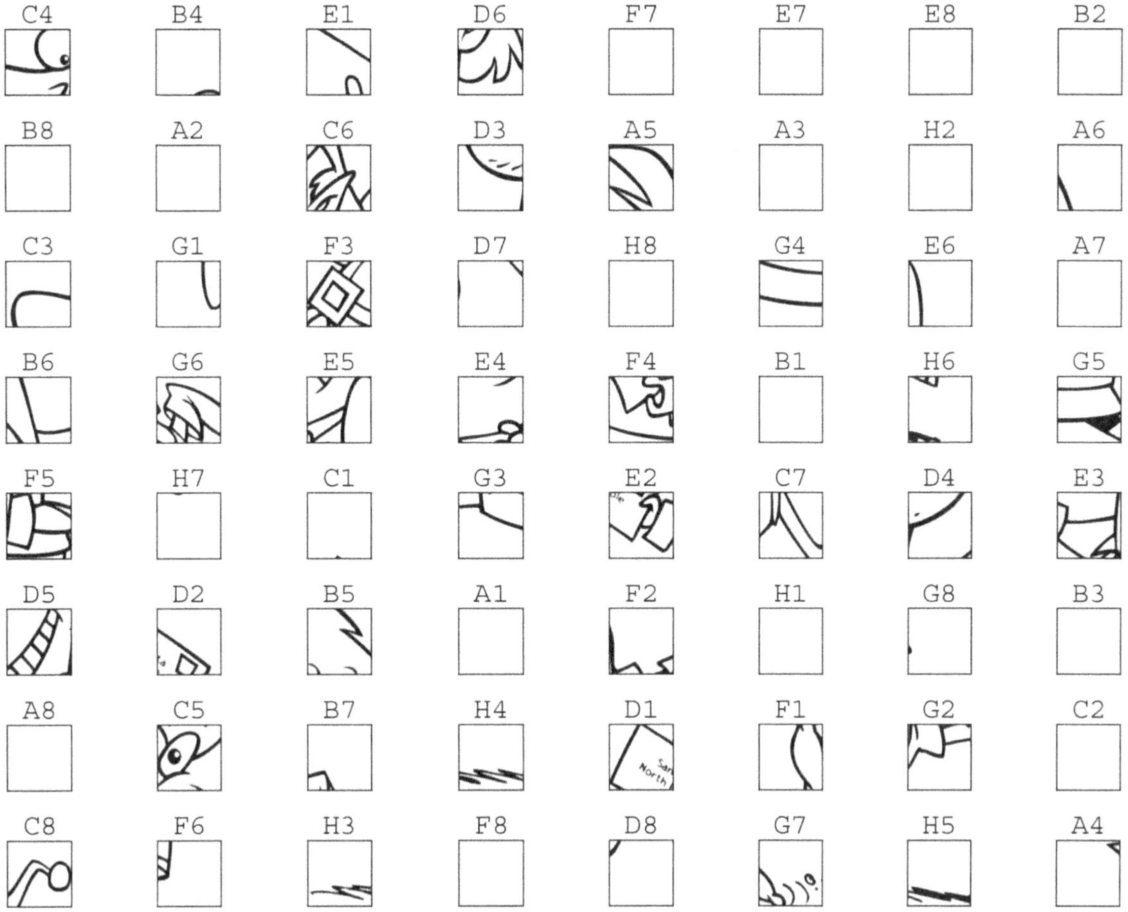

	1	2	3	4	5	6	7	8
A								
B								
C								
D								
E								
F								
G								
H								

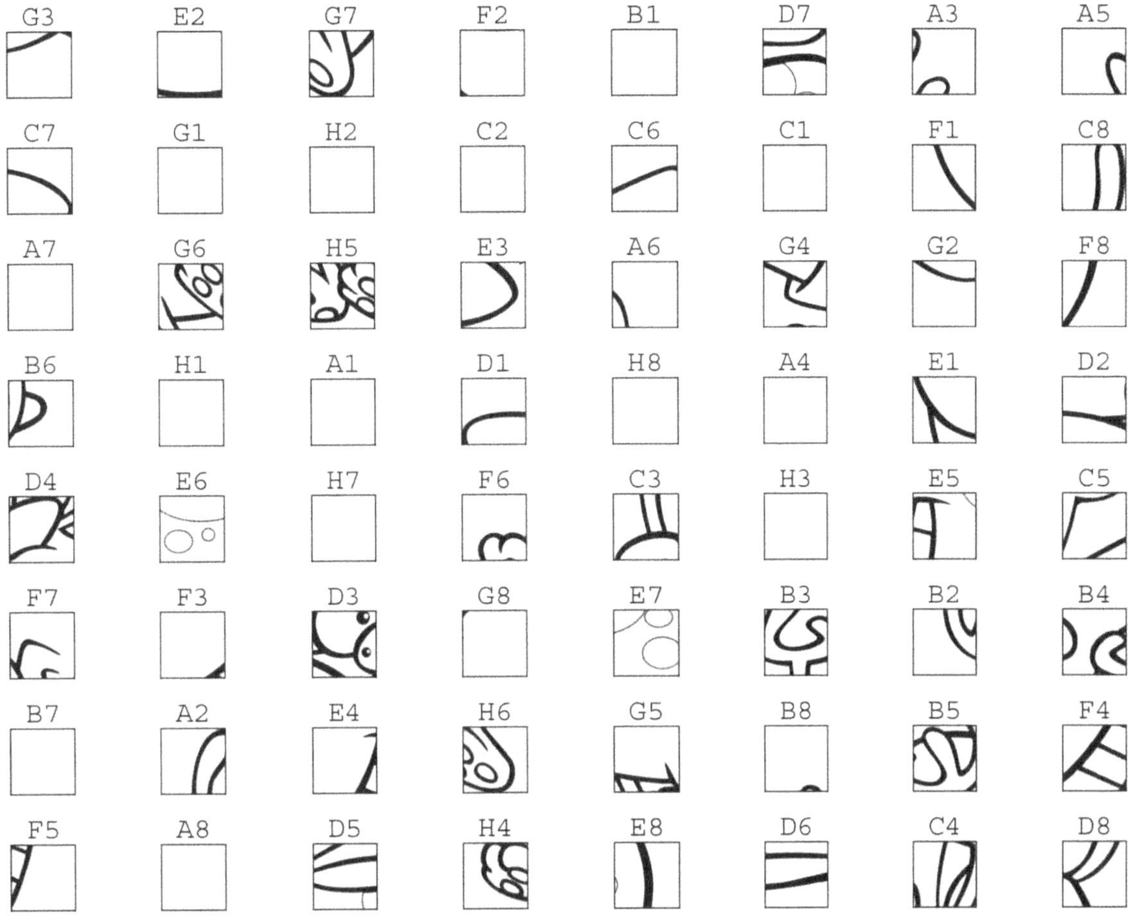

	1	2	3	4	5	6	7	8
A								
B								
C								
D								
E								
F								
G								
H								

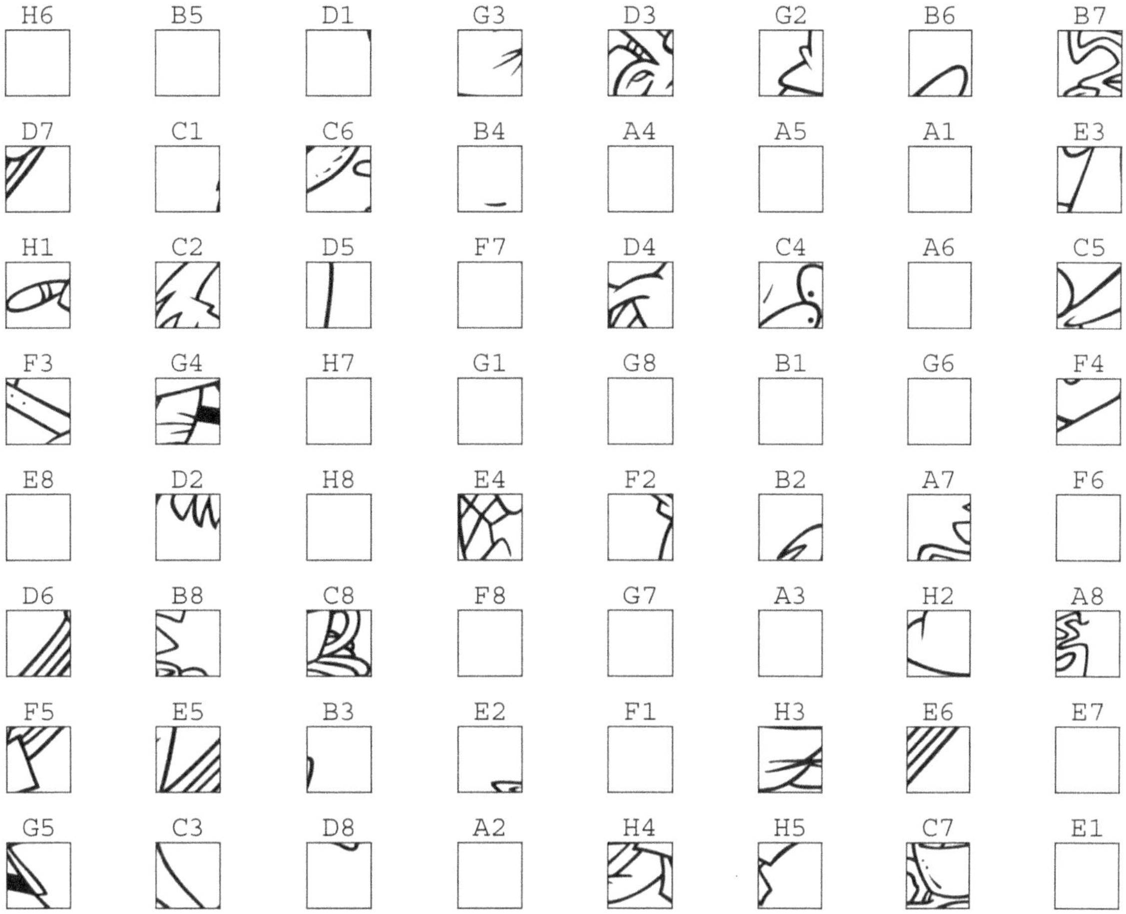

	1	2	3	4	5	6	7	8
A								
B								
C								
D								
E								
F								
G								
H								

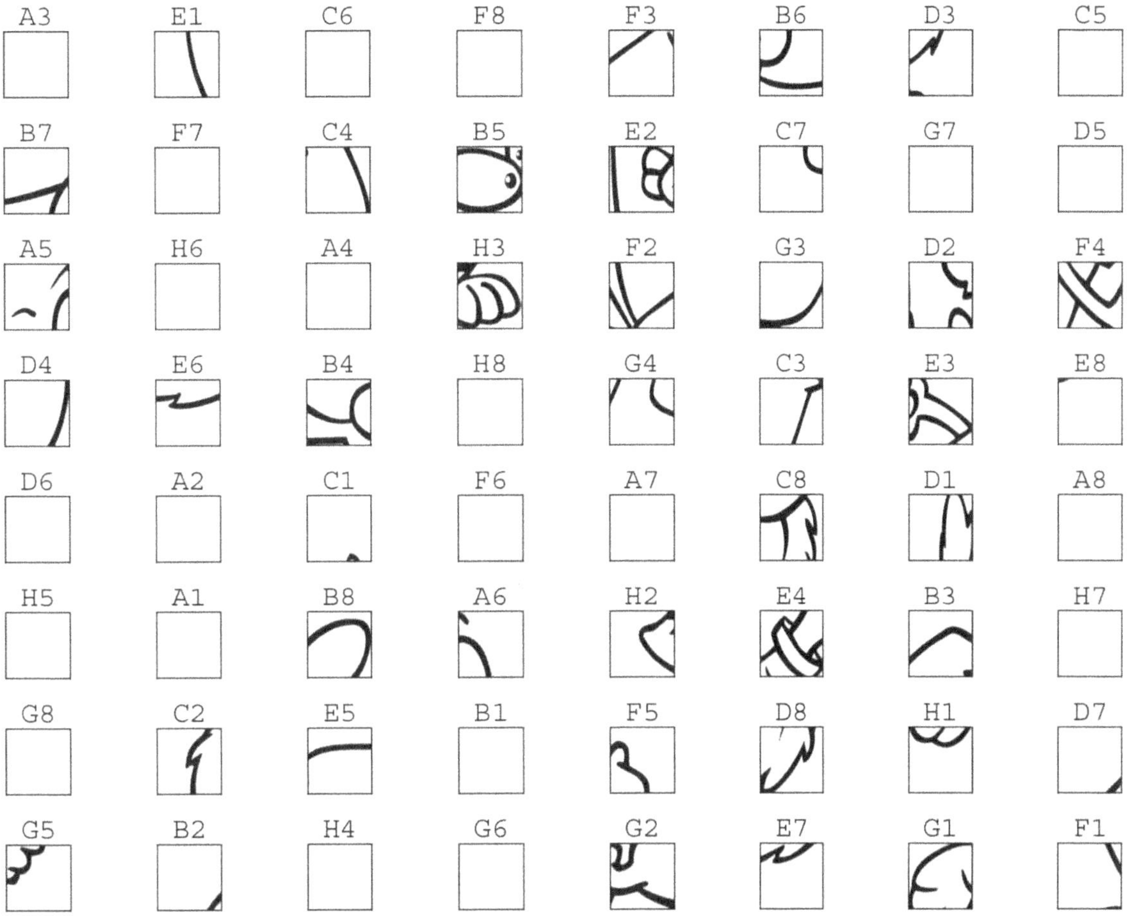

	1	2	3	4	5	6	7	8
A								
B								
C								
D								
E								
F								
G								
H								

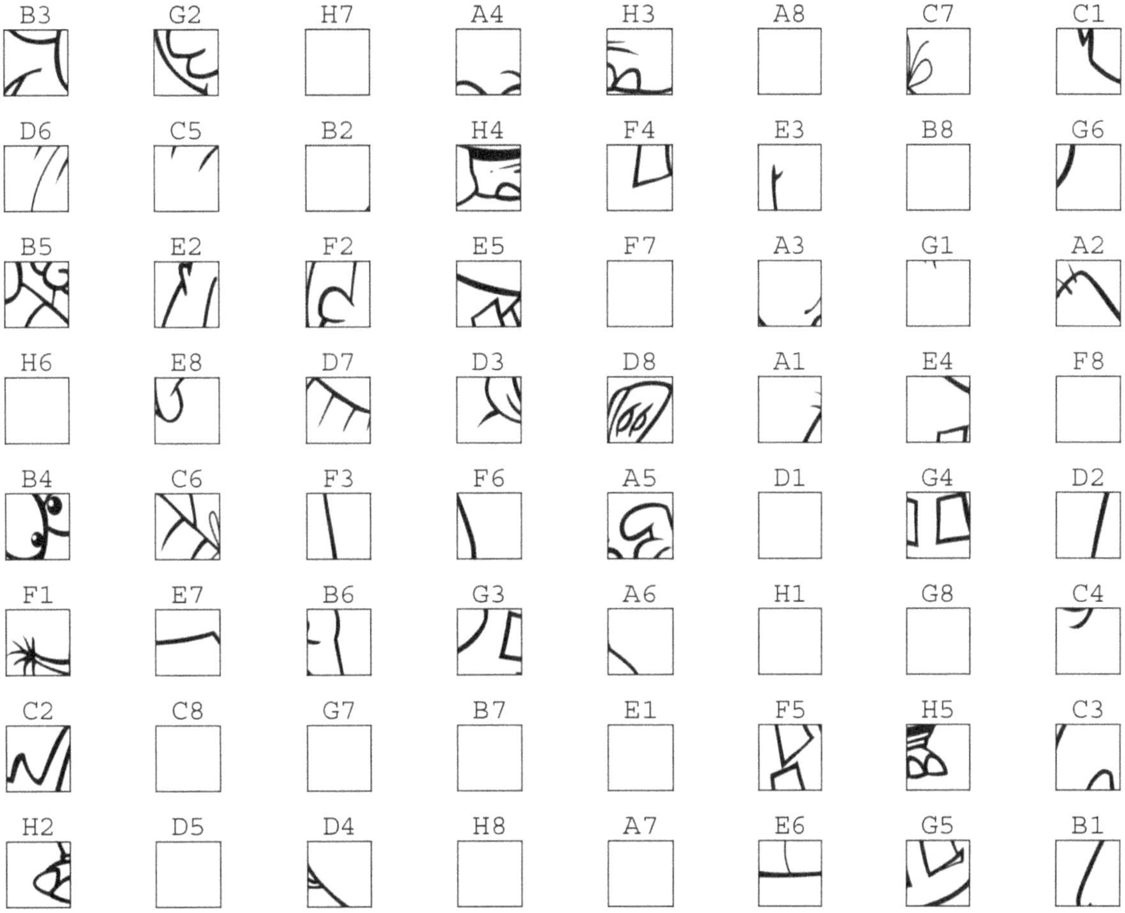

	1	2	3	4	5	6	7	8
A								
B								
C								
D								
E								
F								
G								
H								

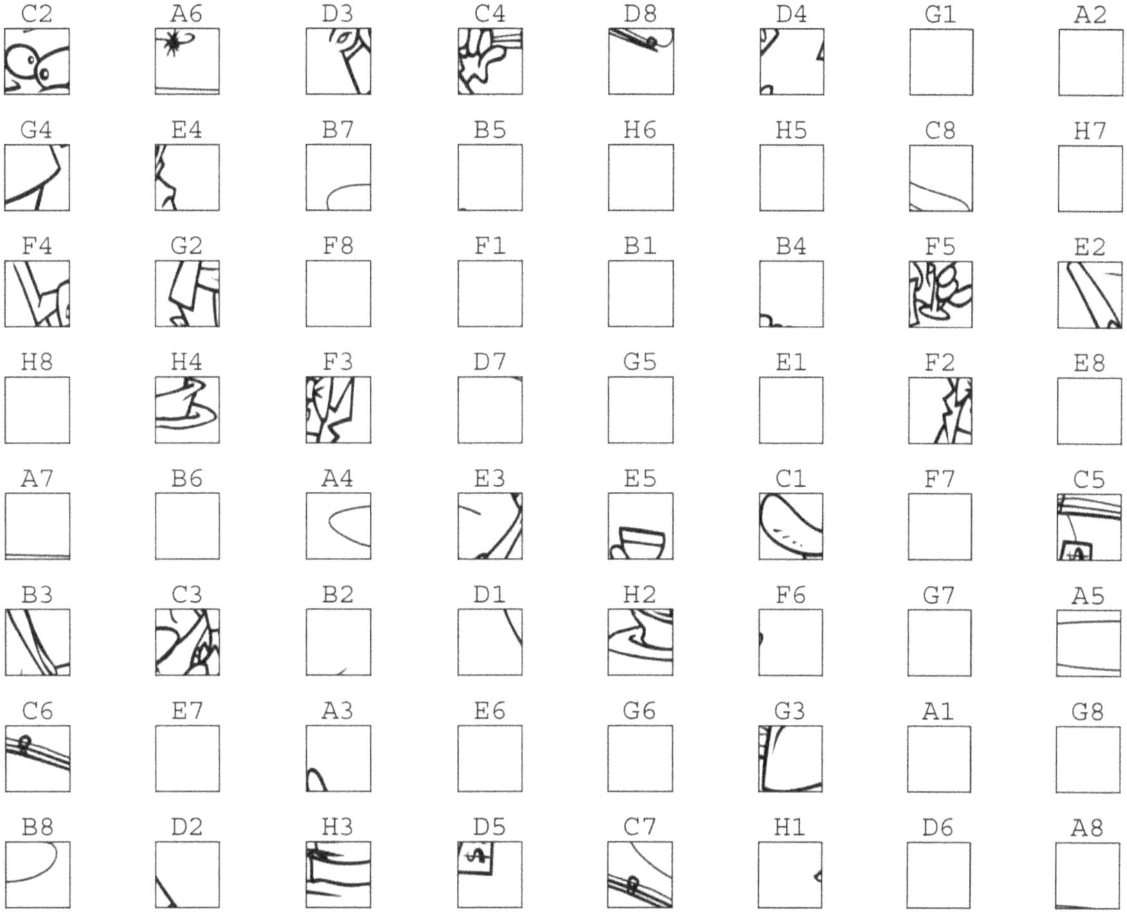

	1	2	3	4	5	6	7	8
A								
B								
C								
D								
E								
F								
G								
H								

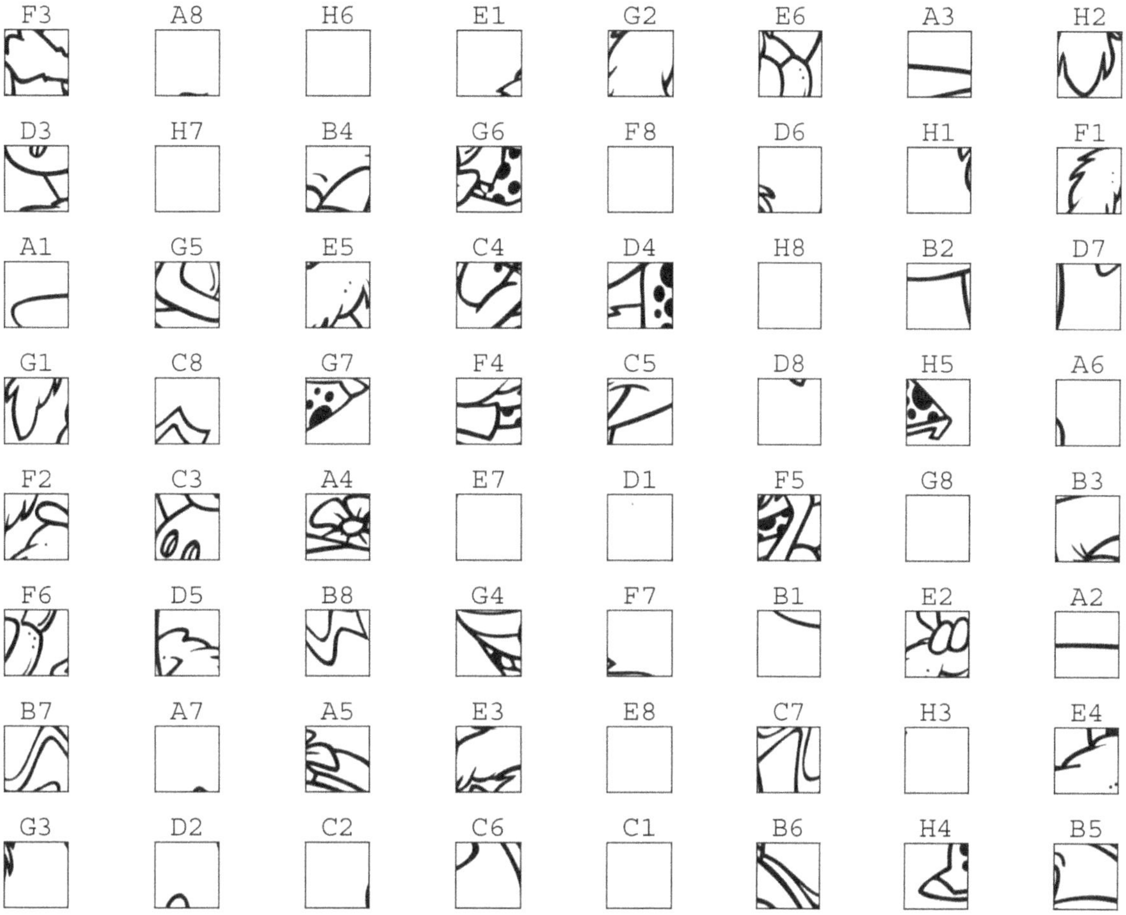

	1	2	3	4	5	6	7	8
A								
B								
C								
D								
E								
F								
G								
H								

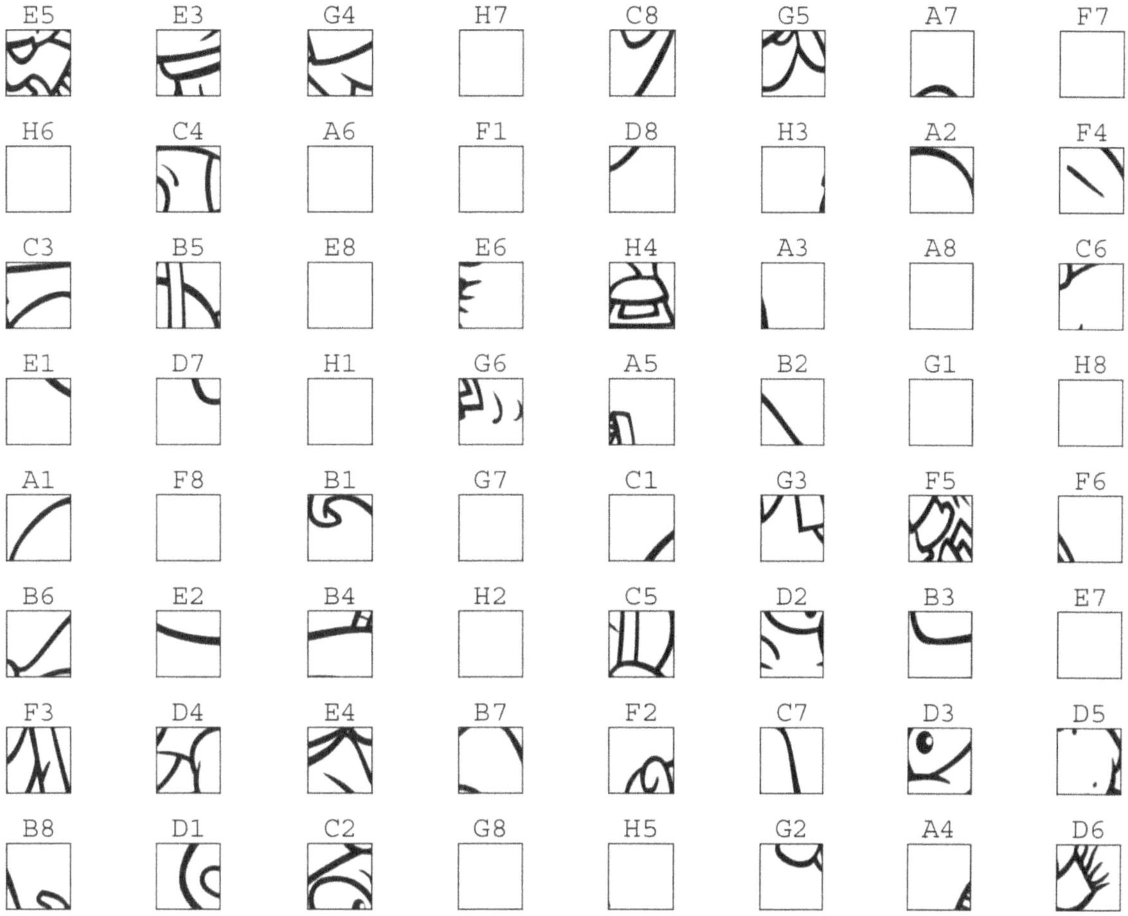

	1	2	3	4	5	6	7	8
A								
B								
C								
D								
E								
F								
G								
H								

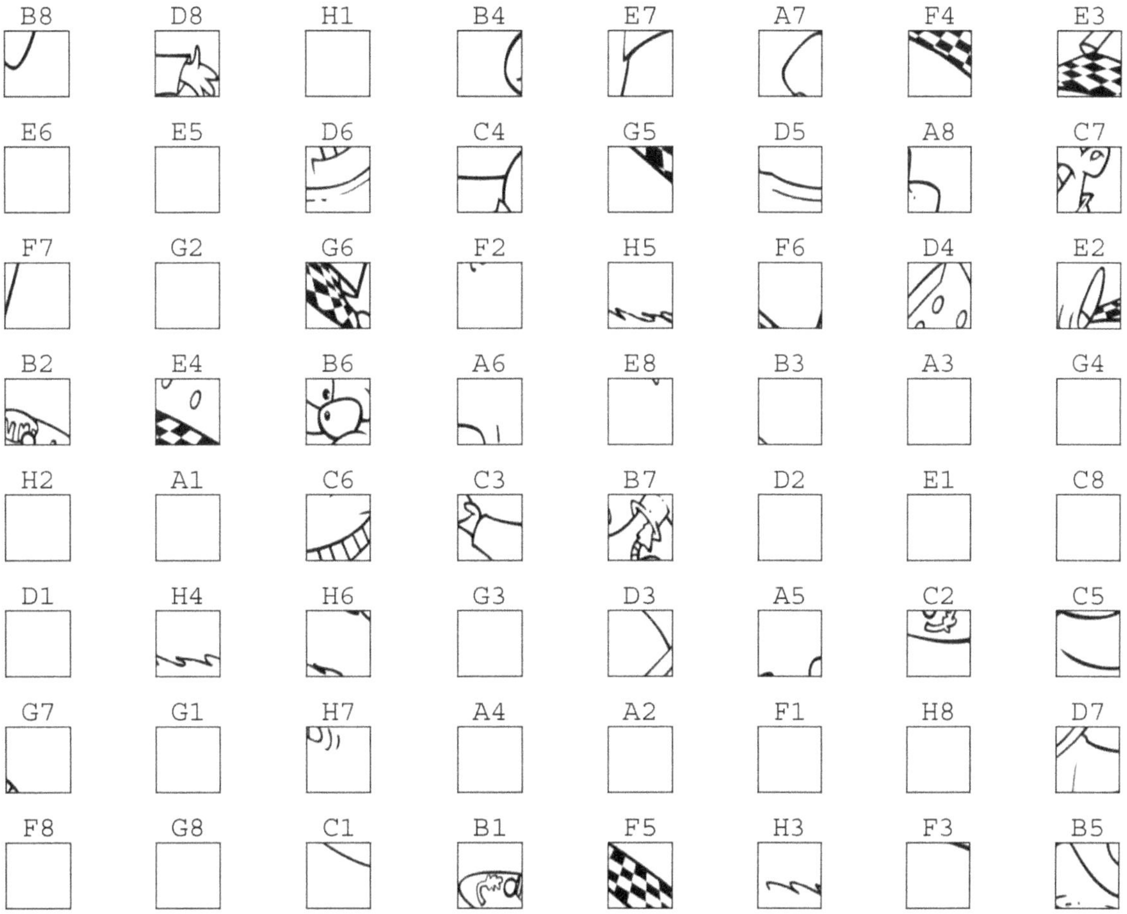

	1	2	3	4	5	6	7	8
A								
B								
C								
D								
E								
F								
G								
H								

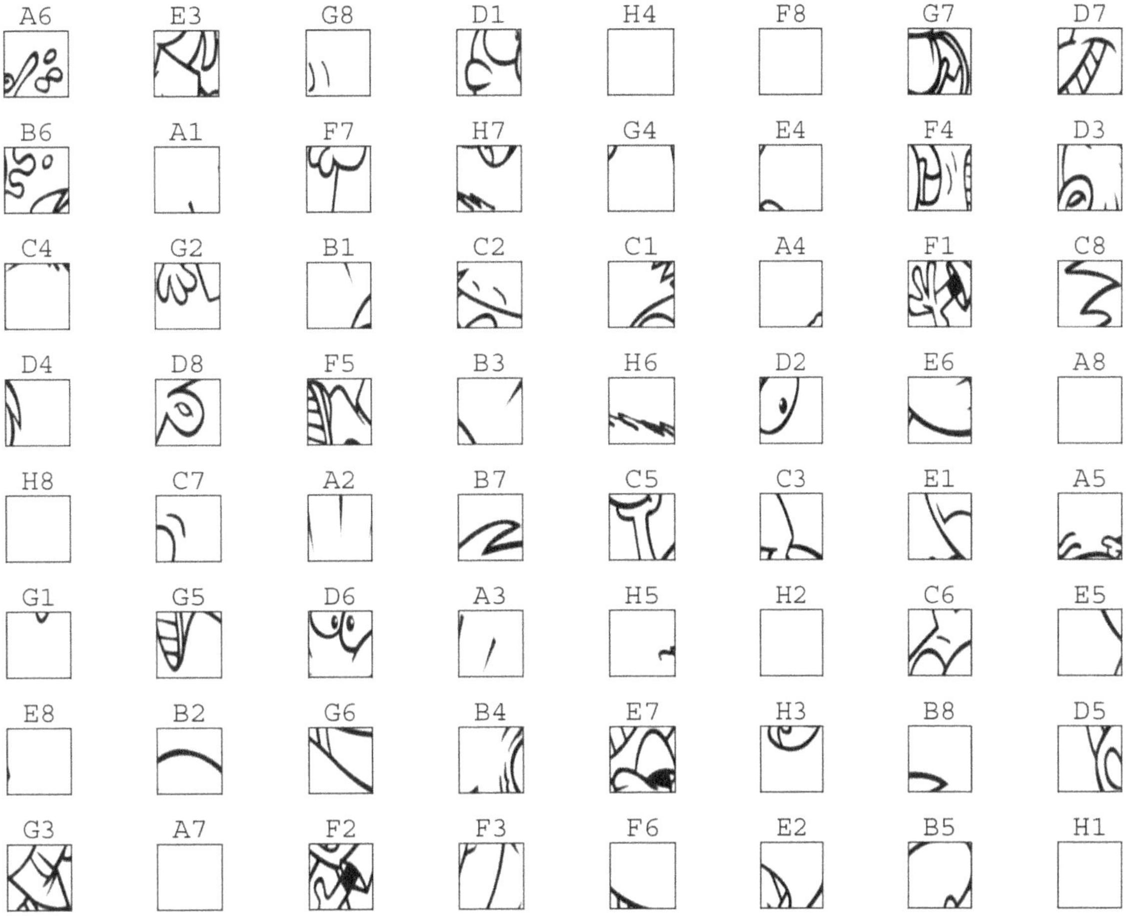

	1	2	3	4	5	6	7	8
A								
B								
C								
D								
E								
F								
G								
H								

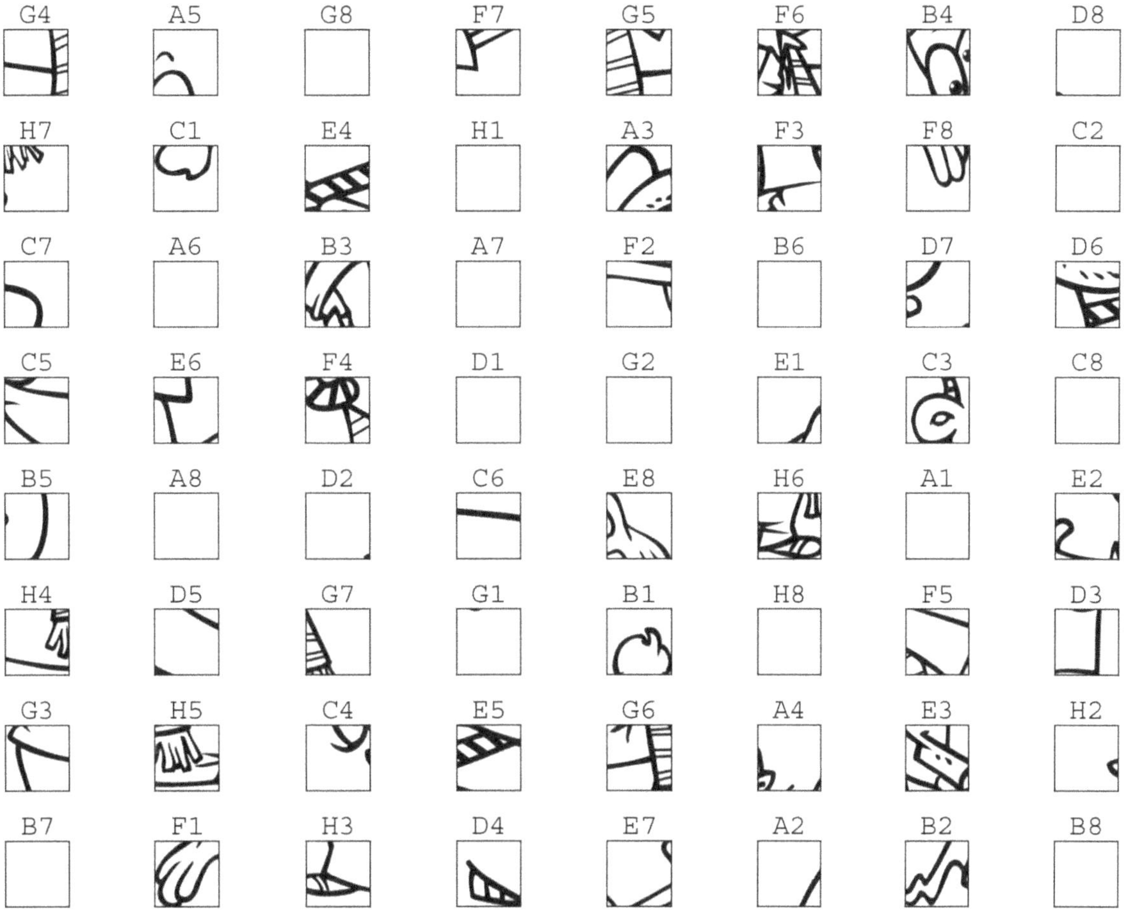

	1	2	3	4	5	6	7	8
A								
B								
C								
D								
E								
F								
G								
H								

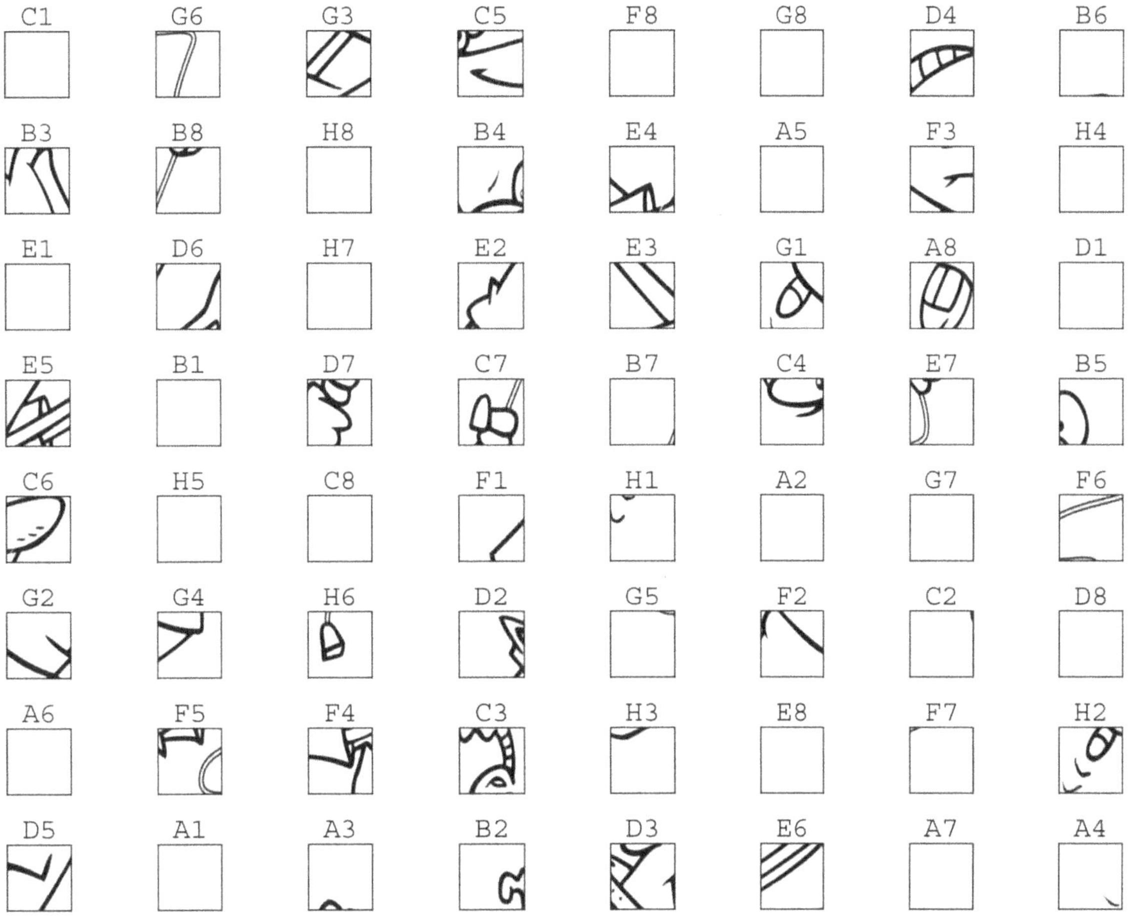

	1	2	3	4	5	6	7	8
A								
B								
C								
D								
E								
F								
G								
H								

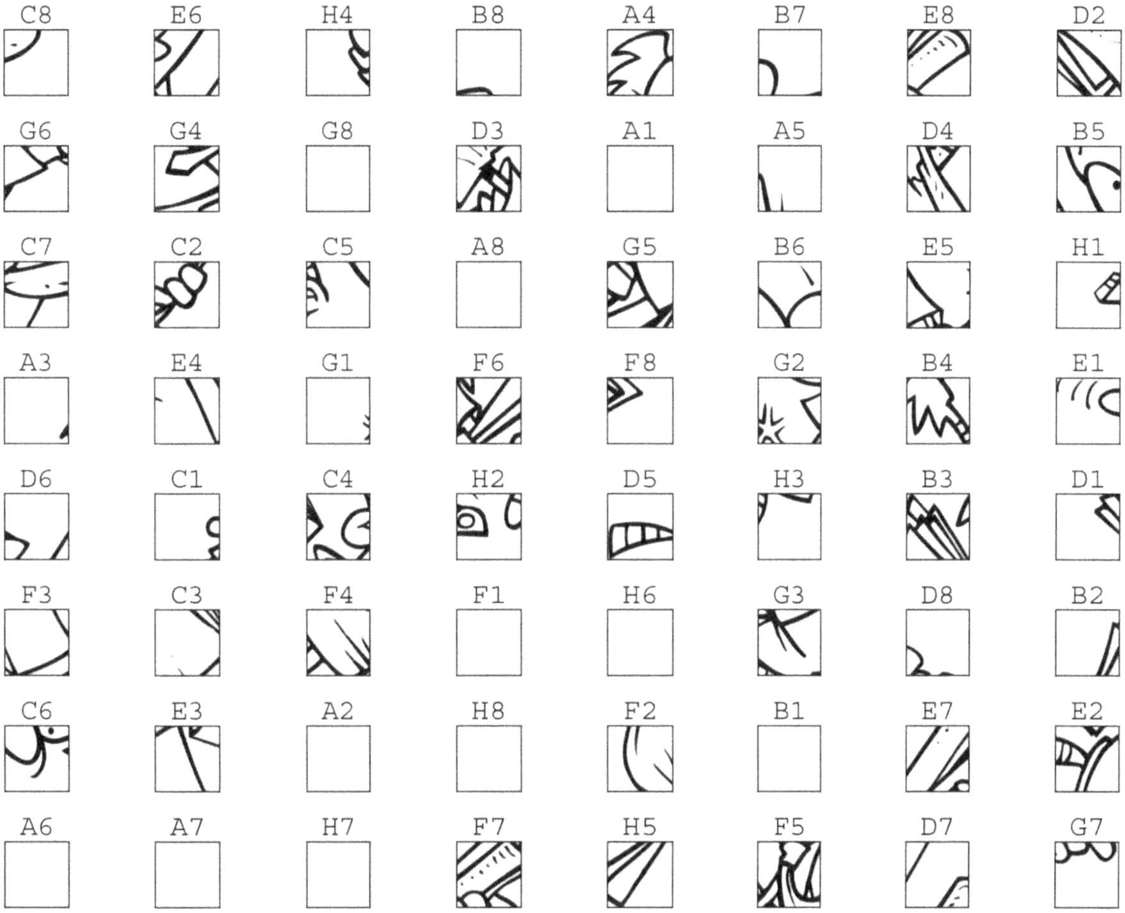

	1	2	3	4	5	6	7	8
A								
B								
C								
D								
E								
F								
G								
H								

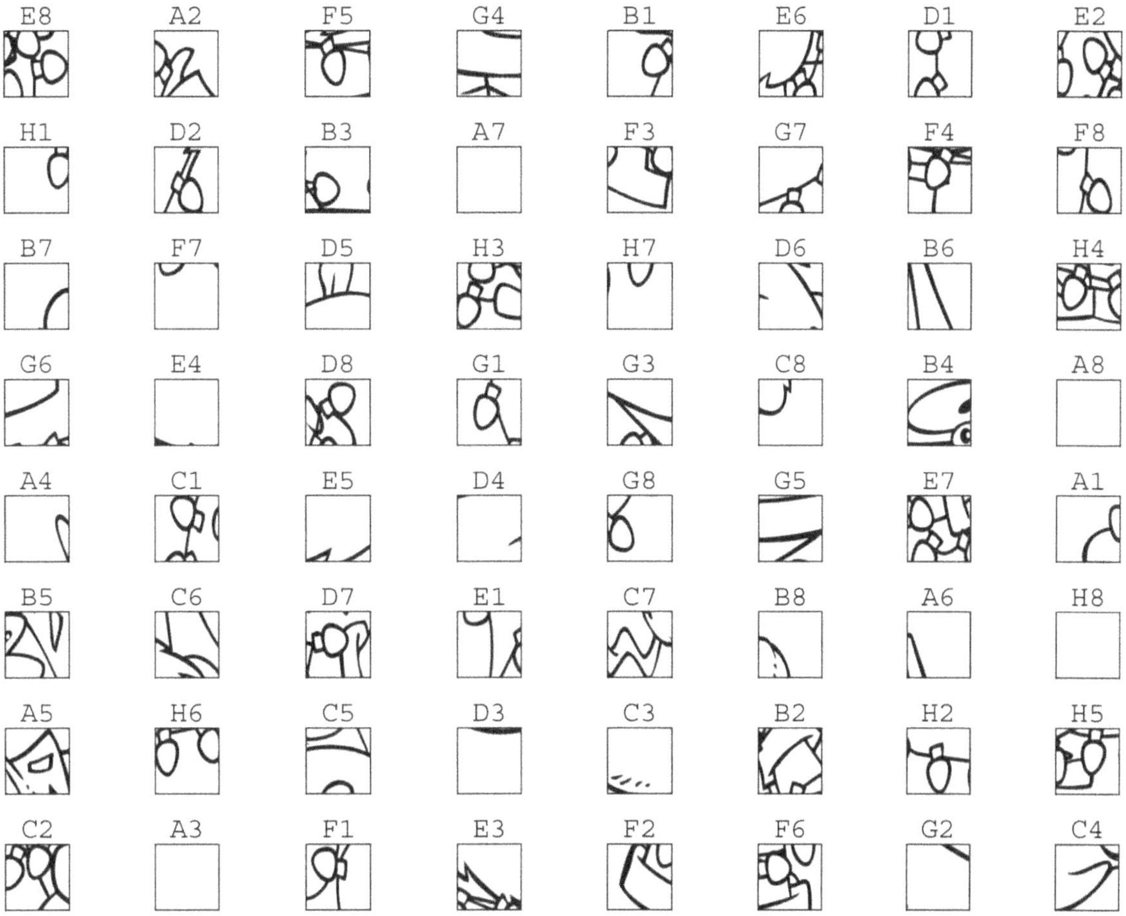

	1	2	3	4	5	6	7	8
A								
B								
C								
D								
E								
F								
G								
H								

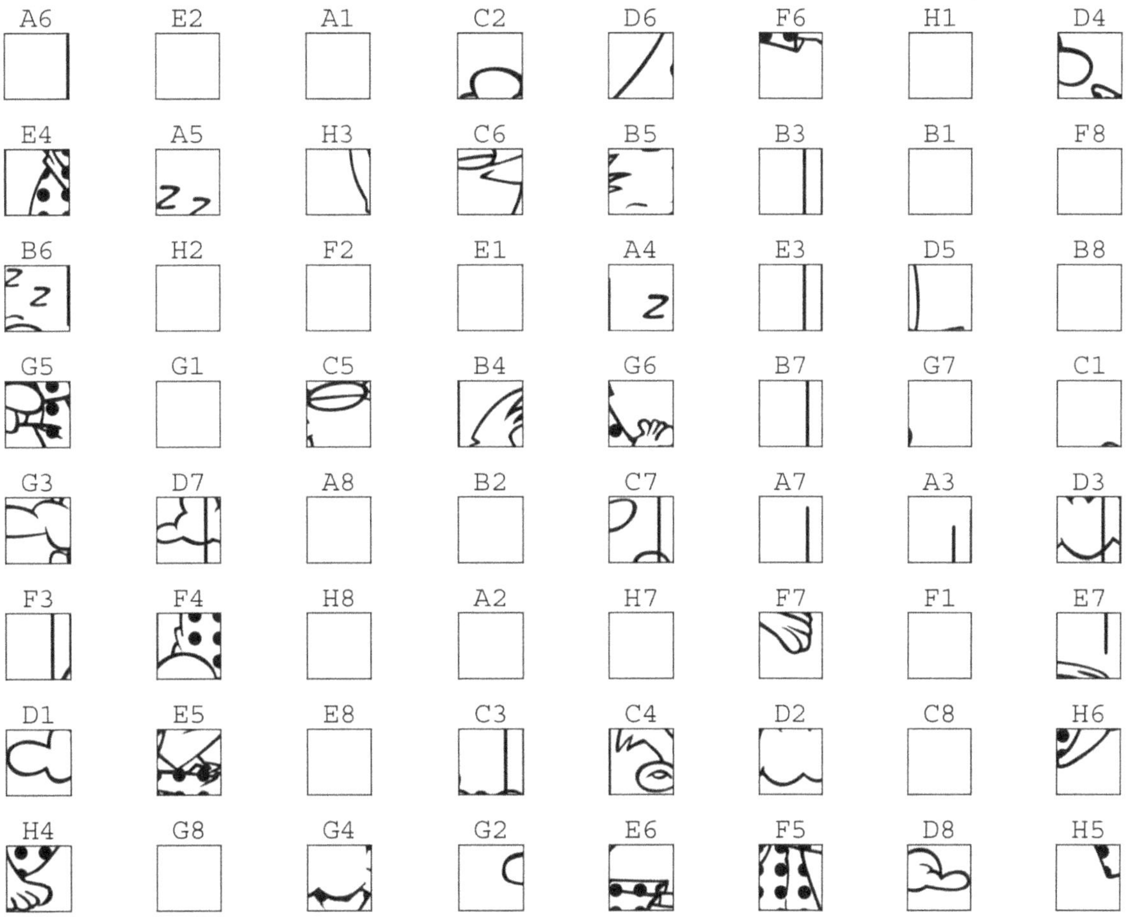

	1	2	3	4	5	6	7	8
A								
B								
C								
D								
E								
F								
G								
H								

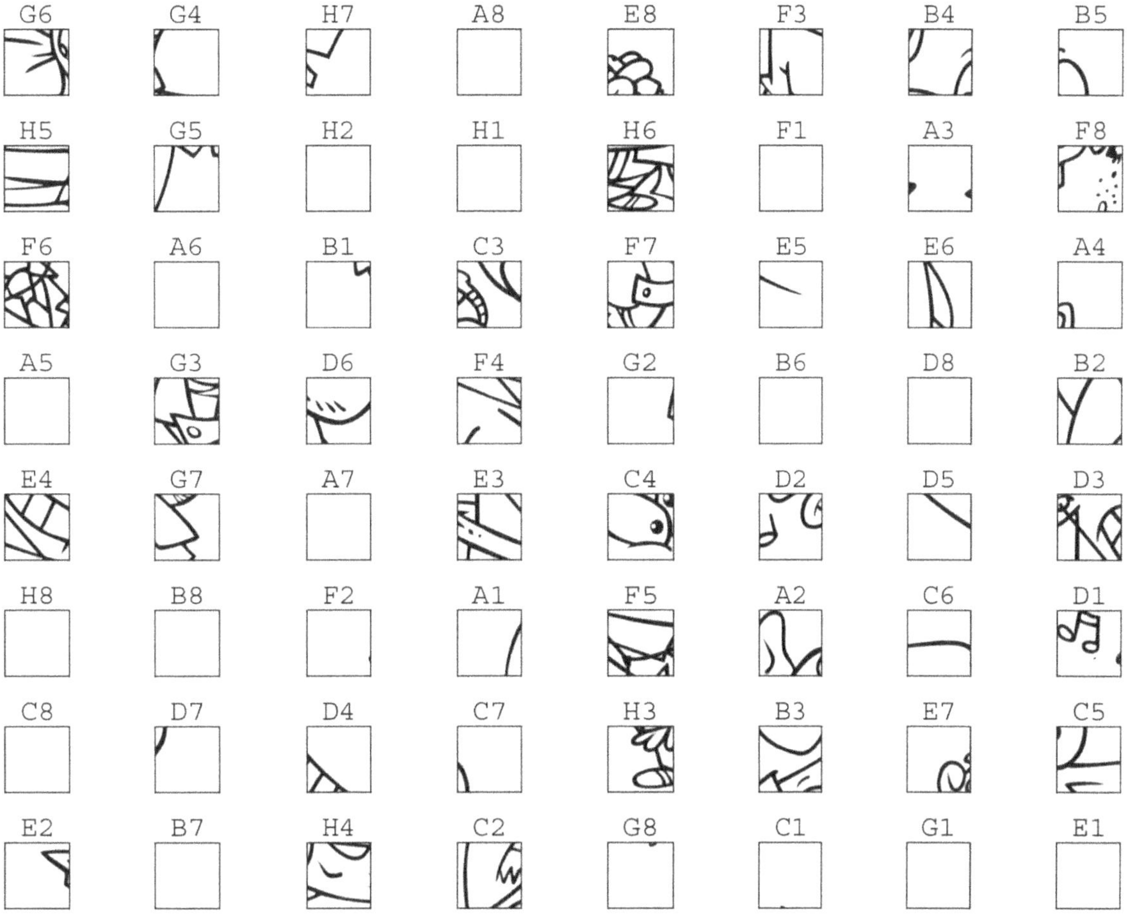

	1	2	3	4	5	6	7	8
A								
B								
C								
D								
E								
F								
G								
H								

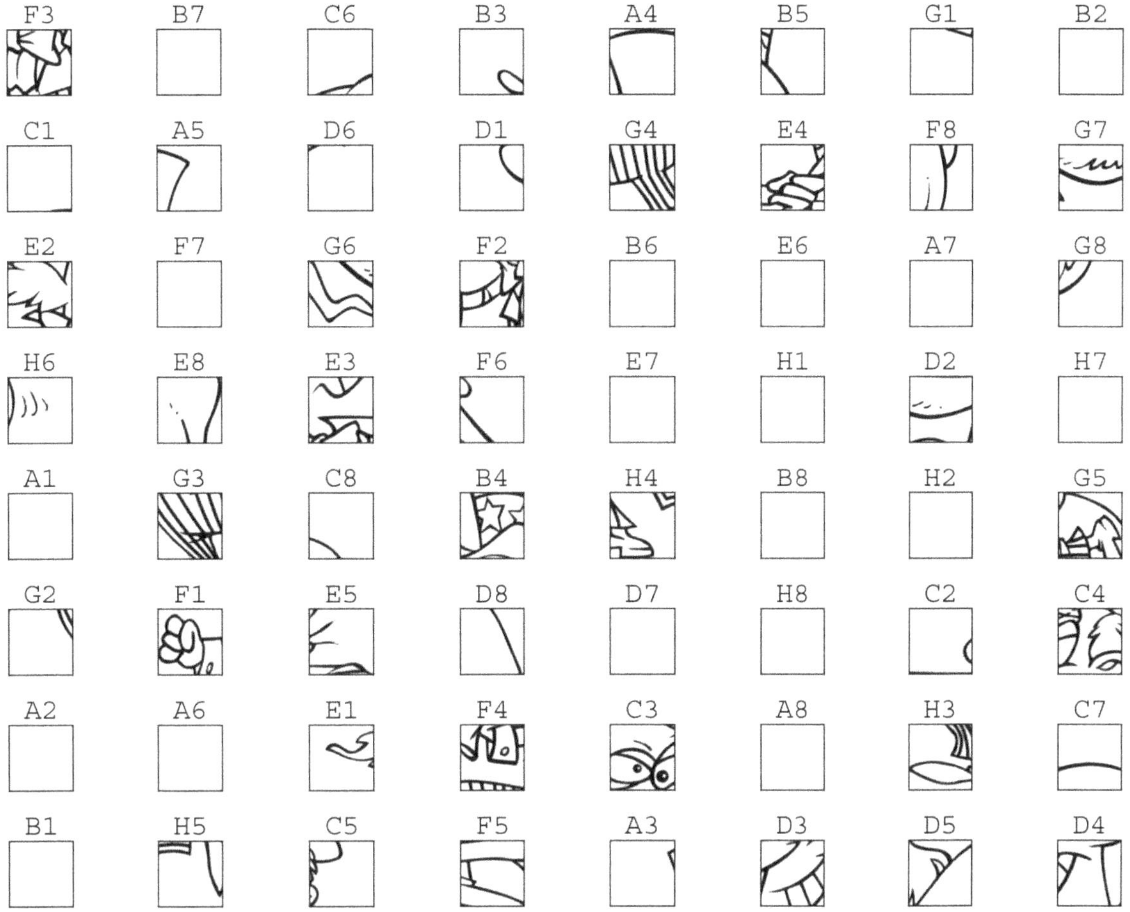

	1	2	3	4	5	6	7	8
A								
B								
C								
D								
E								
F								
G								
H								

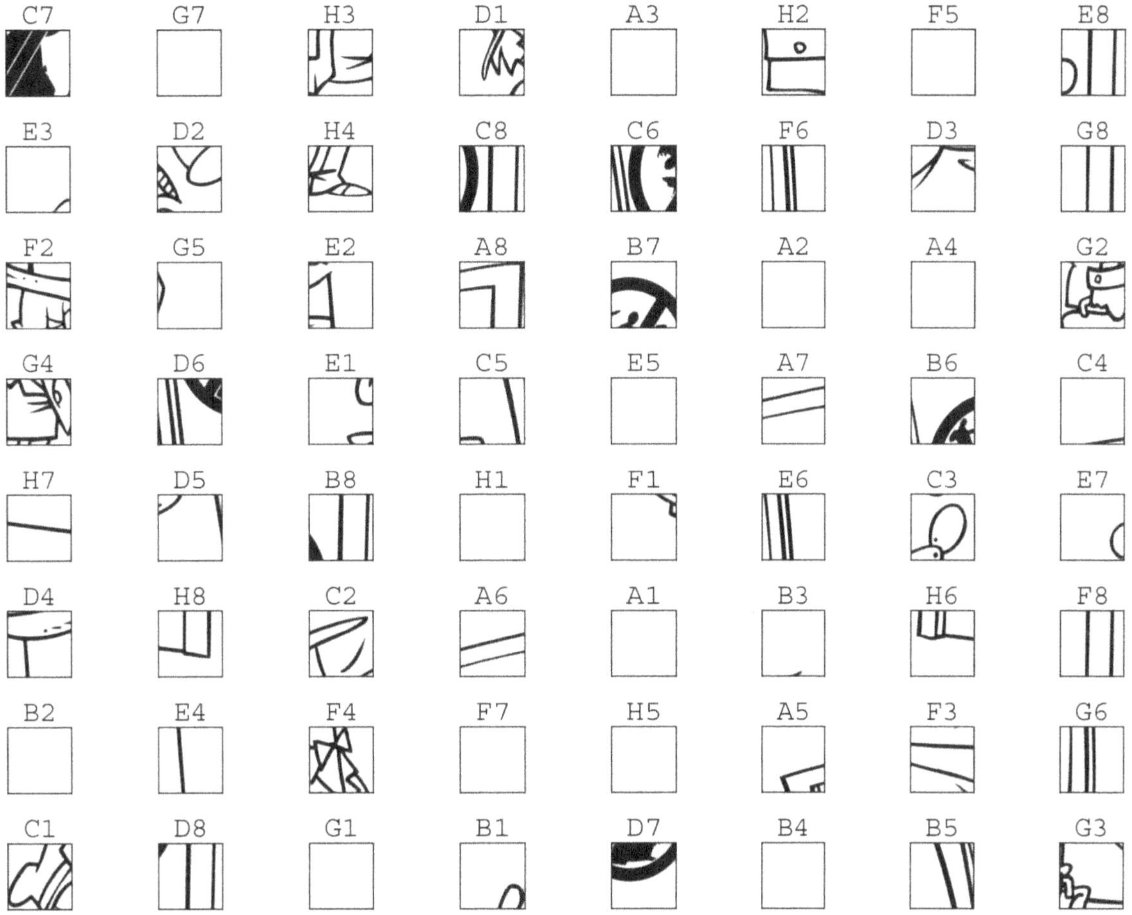

	1	2	3	4	5	6	7	8
A								
B								
C								
D								
E								
F								
G								
H								

Thank you for completing our book! We appreciate your time and hope you enjoyed the experience. If you're up for more creative challenges, check out our other Pik-Jig books. Explore new grids and dive into the joy of artistic discovery. Happy drawing!

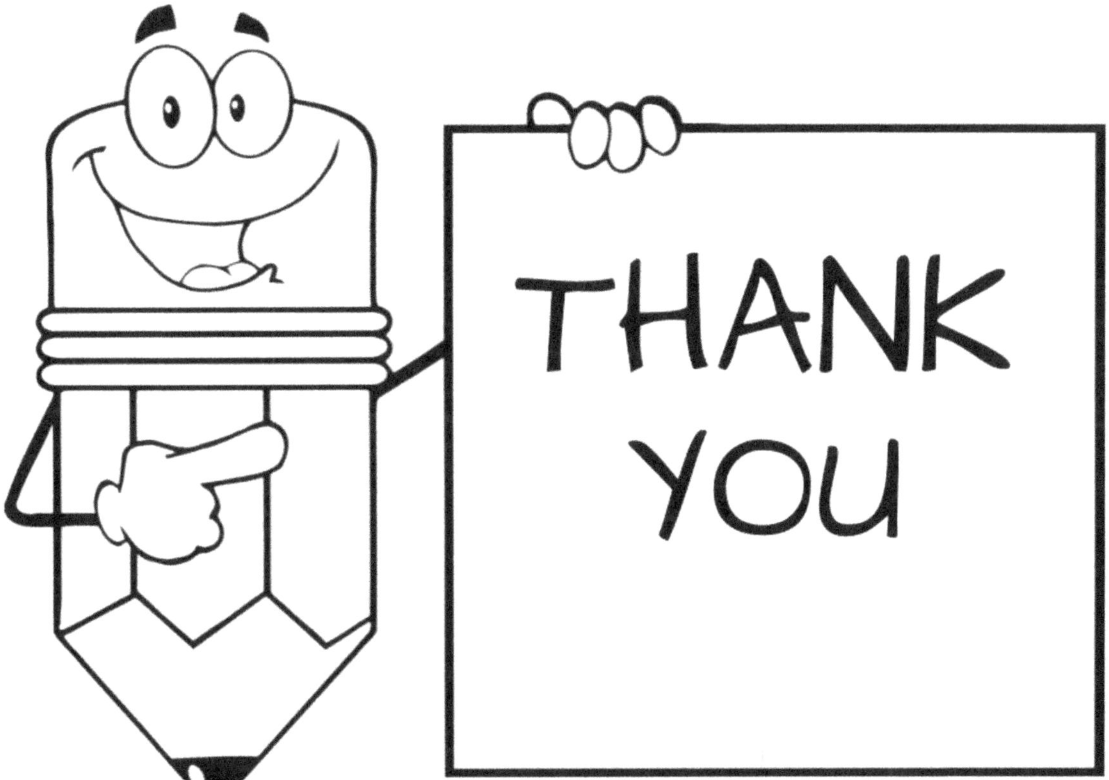

www.ingramcontent.com/pod-product-compliance
Lightning Source LLC
Chambersburg PA
CBHW080234260726
48658CB00008B/3093
* 9 7 9 8 8 7 9 7 2 1 9 9 7 *